关保英 主编

行政法史料汇编

1949—1965

经济行政法

中国法制出版社
CHINA LEGAL PUBLISHING HOUSE

总序

Preface

《行政法史料汇编》系上海政法学院行政法学重点学科建设的阶段性成果。上海政法学院行政法学学科先后被立项为上海市重点学科（2006）、上海市教育委员会行政法学重点学科（2009）、中央财政支持地方高校建设行政法学重点学科（2010）等重点建设项目，在项目建设过程中，学科凝练了三个建设方向，分别为行政法基础理论与应用、部门行政法、公共政策与行政法治。其中，行政法基础理论与应用方向中的"行政法史"为颇具特色的学科建设内容。上海政法学院行政法学科组成员在行政法专题史、断代史、国别史研究方面形成了一系列研究课题，已出版的著作涵盖了行政法制史、行政法思想史、行政法认识史、行政法奠基史等一系列重要的理论成果。

1949年10月1日中华人民共和国成立，彻底结束了旧中国半殖民地半封建的历史。新中国的成立使千年中华大地发生了翻天覆地的变化，这种巨大变化的背后是各种混沌亟待解决，新中国成立初期的行政管理处于探索阶段，这时的行政法主要解决国家重建过程中的各类重要问题，使满目疮痍的国家重现生机。这时期我国的行政法由于没有一套较为科学的系统性的行政法治建设思想体系，呈现出零散性、对事性、滞后性、原则性和试验性的特点，同时具有很浓厚的践行共产主义的时代特征，很长时间内处于有问题解决问题的弥补状态。本丛书通过对1949年12月至1965年12月间，由政务院（国务院）、中央人民政府委员会、公安部、内务部等国家机关批注与发布的税收、商业、经济、工业交通、农业、社会方面的行政法令、法规进行整理和汇编，力求全面呈现新中国成立初期各领域的行政法律制度内容。以期全面、客观地呈现在缺少行政法治体系总体规划以及相应时间表的历史阶段中，我国行政法的主要任务是什么、是如何设计运行的、体现了何种时代特征，以及我国是如何探索出一套具有中国特色社会主义的行政法治体系建设理论的。通过梳理当时的法律制度建设过程，为新中国成立初期行政法律制度研究提供较为详实的历史资料。

“史料汇编”系列的整理和出版是为理论研究所做的基础性工作，同时又使一些散见的法律文献整体再现。该汇编具有以下两个方面的重要价值：其一，对新中国成立初期的行政法组织法规进行了系统的梳理，在一定程度上保护了这些较为珍贵的历史文献。并通过体系化的梳理工作，使其形成了较为完整的体系结构，从效力层级到历史沿革，都做出了较为详细的说明，从而具有较高的文献价值。其二，与我校以前编著的《陕甘宁边区行政法概论》《行政组织法史料汇编与点评：1950—1960》等史料汇编丛书衔接，系统阐述了新中国成立初期行政法观、陕甘宁行政法体系、行政法的渊源和实践基础等，为探索研究我国早期行政法提供一套完整、成体系的行政法制度史料，为读者直观地呈现我国各个行政领域内的行政法建设经历和各种制度创新过程。

本丛书以中国法制出版社出版的《中华人民共和国法规汇编》为基础，编选、整理中华人民共和国成立初期（1949—1965）的行政法规、部门规章以及规范性文件，并做适当的技术性分类。

目录

Contents

1. 中央金库条例

（1950年3月3日政务院第二十二次政务会议通过　同日公布）

第一条　中央人民政府为统一国家财政收支，设立中央金库。

第二条　中央人民政府设中央总金库，各大行政区设中央区金库，各省（市）设中央分金库，各县（市）设中央支金库，必要时得于适当地点设经收处。

第三条　各级金库均由中国人民银行代理，金库主任由各级中国人民银行行长兼任。尚未设置人民银行之地区，得单独设立金库，归上级人民银行及上级金库统一领导。

第四条　凡一切国家财政收入，均须由经收机关照规定期限全部缴纳同级金库，除有特别规定者外不得坐支抵解及自行保管。

第五条　金库款之支配权，统属于中央人民政府财政部。中央总金库除依照中央人民政府财政部支付命令付款外，无权动用库款，区分支库非得总金库之命令不得付款给任何机关。

第六条　各级金库间存款之运解调度权属于中央总金库。

第七条　各级政府对同级金库应负监督检查之责，但无权支配库款。

第八条　各级金库对同级经收机关所收之款，是否照章缴纳金库，应负督促检查之责。如经收机关有违法不缴情事经劝告无效时，金库应负责及时报告上级金库及中央人民政府财政部查究。

第九条　金库收支以人民币为限，如收入中有金银外币等时，须由经收机关向当地人民银行兑成人民币缴纳。

第十条　各级金库须将收支实况，按照规定之种类、期限、格式报告各该上级金库，总金库须按期将各级金库收支实况报告中央人民政府财政部。

第十一条 本条例施行细则由中央人民政府财政部另定之。

第十二条 本条例自公布之日施行。

2.货币管理实施办法

（1950年12月25日政务院财政经济委员会批准）

第一章 总 则

第一条 本办法根据中央人民政府政务院决定进一步实行货币管理之原则，为加强现金管理，实行划拨清算，集中短期信用及监督基本建设投资之目的制定之。

第二条 本办法适用的范围限于国家企业（包括中央和地方企业及机关部队生产）机关（包括国立公立学校及医院等）、部队、团体及合作社（以下简称各单位）。公私合营企业如自愿参加现金管理，划拨清算，或全部货币管理者，可由银行根据两利原则，按照不同情况，签订各种内容之业务合同共同执行之。

第三条 根据政务院的决定，中国人民银行（以下简称银行）有权就现金管理、划拨清算、短期信用、监督基本建设投资等工作实施情况对有关单位进行各项检查，包括现金库存，收支计划执行情况，贷款用途以及政府基本建设投资运用状况等。如发现不符规定，得提出建议或报告上级处理，并对贷款有随时停贷或收回之权，对基本建设投资有暂停拨付之权。

第二章 现金管理

第四条 各单位除准予保留规定之库存限额外，所有现金及票据，必须当日全部存入银行或其委托代理机构。如有特殊情况，经银行同意者，可延至次日午前送存。

第五条 各单位之库存现金数额，得由各单位提供材料，与当地银行商定并报请当地财政经济委员会（以下简称财委）核定之。其限额在设有银行或其委托代理机构的地方，最多不得超过三天的日常零星开支，尚未设置银行机构的地方，最多不得超过一个月的日常零星开支。

第六条 各单位买卖往来应尽量通过国营企业合作社解决，以推行转账，其必须动支现金购买必需用品时，由各级财委在以下范围批核之：

（一）与私营企业发生交易往来。

（二）与城市居民或农民发生交易往来。

（三）发放工薪。

（四）开支旅费。

（五）各单位间一定限额内之零星支出（其限额由各地银行规定，并报请当地财委批准后执行）。

第七条 为能按计划收支，各单位应按规定编制分月之季度货币收支计划（如编制季度计划确有困难者，可先从月度计划开始），分清现金与转账，详细编造，收支必需平衡，银行不负垫款责任，其编制办法及送审程序如下：

（一）单位货币收支计划之编制及审核。

（1）专署、县（市）政府所属各单位（包括企业与非企业的行政单位），应依照生产计划（生产单位），经营计划（贸易单位）或预算（经费单位）按时编制单位货币收支计划，送专署、县（市）财委（如无财委，由专署、县、市政府另指定一机关负责）批核，并将副本一份送当地银行。财委或指定机关批准后，分别通知各单位及银行监督执行。

（2）省市政府及军区所属各单位（包括企业与非企业单位）及所在地各单位（指除中央直属单位以外一切单位）所编制之单位货币收支计划（副本送当地银行一份）由主管部门审核后，送省市财委批准，分别通知各主管部门及银行监督执行。

（3）大行政区及大军区所属各单位（包括代管中央企业）及所

在地各单位（包括除中央直属单位以外之一切单位）编制之单位货币收支计划（副本送当地银行一份）由主管部门审核后，送大区财委批准，分别通知各主管部门及银行监督执行。

（4）中央直属单位（指中央各部已建金库，资金由中央各部统一调拨运用者，及直接由中央各委部会管的企业与非企业的军事及行政单位）各级所编制之单位货币收支计划（副本送当地银行一份）并逐级送呈上级，由中央主管部审核送财政部批准后，由各部及银行分别逐级下达，由各级银行监督执行。

（5）野战部队及所属各单位之货币收支计划（副本送当地银行或随军银行）经上级供给部门或后勤部门批准后，交当地银行或随军银行监督执行。

（6）各地银行应根据对私营及私人业务计划与经费开支，编制单位货币收支计划，分送同级财委及上级银行。

（二）各单位之季（月）度货币收支计划，必须在十五天前送达当地财委或财政部、供给部、后勤部批准，核准后由核准机关于十天前批回各单位，并通知当地银行编制综合货币收支计划逐级汇总转报上级财委。

（三）各级财委批核货币收支计划时，应根据现金比转帐为严的精神负责审核，各单位收支计划必须平衡，不准将不同单位的收付，互相调剂使用。

（四）各级银行应根据各同级财委核定及上级行下达已批准之收支计划按月（如整个实行季度计划后得按季）汇编综合货币收支计划，分别用电报和书面报送上级银行备案，并抄送同级财委，由上级银行逐级汇总上报。

（五）总行根据下级行报来之综合货币收支计划，汇编全国综合货币收支计划，送呈中财委备案。

第八条　各单位的货币收支计划，只限当季或当月使用，不得结转下期，倘当季或当月末有应收未收，应付未付款项，不能在当季或当月内清结，以致与原计划不符，而下季或下月计划又不及列入者，应另附说明书，经当地银行同意后，并计于下季或下月收支计划批准额内。

第九条 各单位之季度及月度货币收支计划支出项下各项目之批准额不得相互流用，如本季或本月货币收支计划已送出尚未批准前需要支付者，经过当地银行同意，可先根据其本季或本月计划额总数三分之一动用，俟计划批准后扣除。

第十条 各单位如因特殊情形，有超过批准计划之收付时，须提出追加计划。其编送审核程序与正式计划同。各单位如无计划虽有结存亦不得支用，但收入超过计划时，仍须随时交存银行，并说明超收原因。

第三章　划拨清算

第十一条 凡国家企业机关部队生产及合作社从事企业经营之单位，均须在当地银行建立结算户，机关部队等仅有经费开支单位，均须在当地银行建立往来户。

第十二条 各单位在银行建立之结算户或往来户，按其独立会计单位，以建立一个户头为原则，如一个单位有两个以上会计单位，经银行同意，可建立两个以上户头，结算户的基本建设资金应另帐处理，不得混淆。

第十三条 结算户和往来户均须在银行有足数的结存余额，银行始能按其核定之计划办理拨付。

第十四条 各单位在本埠，埠际及国际间之一切交易往来，除规定使用现金范围外，必须全部通过各该开户银行划拨清算，双方不得直接收付转帐（国际清算办法另订之）。

第十五条 各单位对外因交易往来所签订之合同，须将副本一份送交其开户银行。银行办理各单位之划拨清算时，如发现不符情节，不予转账。

第十六条 各单位之交易往来，其在同城间之划拨清算，采用下列方式：

（一）结算户之间，采用“结算收支凭证”，由付款单位开具，径交其开户银行或交收款单位持向银行凭以转帐。此项凭证不得提现或转让。

（二）往来户之间，及往来户与结算户之间均用“转帐支票”，由付款单位开具，交收款单位持向银行凭以转帐。此项支票不得提现或转让。

（三）各单位对私人、私营企业付现及本身提现，均用“专用支票”。此项支票可以提现或转让。

第十七条 各单位之交易往来，其在异地间之划拨清算，采用下列方式：

（一）委托付款 各单位按照货币收支计划及合同须在外埠用款时，应开具转帐支票送交开户银行委托付款或商做进口押汇，按银行一般汇兑及押汇办法办理。汇款到达后，在当地银行立户按照原定用途监督使用，一次或分次付款。分次付款者，最后应于该单位户头内清算之，除规定使用现金范围外，不得支用现金。

（二）委托收款 各单位按照收支计划及合同，将货运往外埠销售，得委托银行代收，或将票据货单等交开户银行委托代收或商做出口押汇，待款收妥后开户银行即收入该单位帐户，此项代收或押汇适用一般代收款项及押汇办法。

第十八条 凡国家企业分支机构非独立经营者，得由该总机构与银行订立合同集中划拨清算，其分支机构仍须在当地银行建立结算户。

第十九条 除以上清算方式外，银行得根据各单位之具体情况及实际需要，采用其他清算方式。

第二十条 本埠结算收支凭证及转帐支票均限当日至银行转帐，最迟不得超过次日，专用支票七天内有效，假日顺延。

第二十一条 各单位应缴国库款项由银行根据财政部门发出之缴款通知（并同时通知交款单位），在该单位结存余额内，于不影响其发放工资情形下，按期扣缴国库。

第二十二条 各单位的财政拨款预算，经批准后，由财政部统一从金库内转拨银行，由银行根据财政部抄附之预算副本及各单位批准之收支计划监督支付。

第二十三条 各单位间应收款项到期时，付款单位如尚未付给或已付未清，银行可依其合同所订银行代为扣收款之规定，由该付款单位之结存余额内，在不影响发放工资，清缴国库款，偿还银行贷款等情形下代为扣除转收收款单位户内。如同时付款单位欠有数户之到期款项时，经其自行协商后，银行再为转帐。

第二十四条 各单位应付款项，到期未付或已付未清时，应按欠额每日万分之五计算赔偿金付与收款单位，其合同另有规定者从其规定。

第四章　短期信用

第二十五条 各单位彼此间不得发生赊欠、借贷款及其他商业信用关系（如预付定货款项，开发商业期票均属之），下列各种情形则不视为商业信用之范围：

（一）委托加工（根据合同支付加工费）。

（二）定货（款货应同时交付，不预付定货款项）。

（三）代购（得先付代购款项）。

（四）代销（无论一次或分次交付售货款项）。

第二十六条 凡国家企业及合作社等结算户，必须首先使用其自备流动资金，如需一年以内之短期贷款时，由银行按批准之计划贷给。

第二十七条 凡机关、部队等仅有经费开支之往来户，银行不予贷款。

第二十八条 各结算户所需之短期贷款，须于月度或季度前一个月编造借款计划，并附同财务计划，分送其主管部门及开户银行，由银行逐级汇总转呈上级行集中总行批准后执行之。中央直属企业由中央各部审核，中财委批准后执行。

第二十九条 各结算户如遇特殊情况，必须计划以外之临时性贷款时，得向开户银行申请临时贷款，当地银行在上级银行确定之范围内，审核同意，经当地财委批准执行。如不能解决时，则由其主管部门提请上级银行同意，财委批准后贷给之。

第三十条 各结算户向银行贷款，须具备下列各基本条件：

（一）实行经济核算制。

（二）有独立之会计制度。

（三）有自备之流动资金。

第三十一条 银行贷款以调剂流动资金之周转为限，贷款以专款专用为原则，各结算户必须按申请贷款之用途使用，贷款用途范围规定如下：

（一）用于购买原料，主要生产辅助材料及燃料等。

（二）用作制造过程和运销过程中之制造及运销费用。

（三）贸易合作部门用于商品之采购运销及出入口者。

（四）农场及农林畜牧，水利等专业机构用于各种生产用途者。

（五）其他在批准计划内之必要用途。

第三十二条 银行贷款一般均贷给直接使用贷款之结算户。

第三十三条 银行贷款必须有利息，利率由银行规定。

第三十四条 银行贷款须规定期限，贷款到期各结算户必须按期偿还，不得拖欠。

第三十五条 各结算户借款应提供抵押品，押品种类以流动资产为限。

第三十六条 贷款到期，各结算户如不能偿还时，银行有权提高其过期以后之利率，并可直接处理其押品，且有权在各该结算帐户内在不影响发放工资，清缴国库款原则下，优先扣除其结存余额以抵偿贷款。

第三十七条 贷款放出时，银行即如数收入该单位之结算帐户内，依照批准之收支计划动用之。

第三十八条 各结算户借款时应按照批准之计划与银行签订契

约，以资信守。契约内须订明用途、金额、利率、期限、还款方法及抵押品保证人等项。

第三十九条 各结算户与私营企业间，如因特殊需要而发生赊欠或其他商业信用关系时，必须商得银行同意，受银行监督，将交易合同副本送银行，并须由银行代理收付。

第四十条 各结算户借款之具体手续，除本办法规定者外，悉照银行订定之贷款章程办理。

第五章 监督基本建设投资

第四十一条 凡国家年度预算中对国家事业基本建设的投资，由中央财政部委托银行指定专业银行统一办理拨付，并负责监督使用。

第四十二条 各部应依据国家年度预算批准之基本建设投资数目范围，拟具拨款分配计划，并附建设工程计划，陈由中财委核准后再分订所属各从事基本建设单位之建设工程计划（包括每单位工程蓝图、施工说明书、工程概算），各部之拨款分配计划及附建设工程计划由中财委以副本一份送银行转交专业银行，各单位之建设工程计划（包括每单位工程蓝图、施工说明书、工程概算）由各部以副本一式两份送银行转交专业银行。

第四十三条 专业银行核对上项计划内容相符后汇计每季拨款支付数额编具拨款支付计划，报经银行转请中央财政部核准，就国库项下按拨款支付计划划转专业银行监督拨付。

第四十四条 各单位应按照季度内施工进度编具每月用款计划，连同上级批准的建设方案等送当地专业银行。

第四十五条 各单位申请支用拨款时，应填具支用拨款申请书连同有关建筑及购置合同单据文件等，送由当地专业银行审查其实际施工或购置情形，与用款计划及建设方案相符后，开具拨款支付书转向当地银行支取。

第四十六条 各单位申请支用拨款之用途，如系在外埠订购器材，应匡计用款数额，在申请书内填明，送由当地专业银行审查后开具拨款支付书，径送银行划拨指定之外埠专业银行，转交该单位或其指定领款人。

第四十七条 各单位建设工程进度，照原订计划方案预定时期先期完成，在拨款未到因继续施工申请用款时，专业银行得根据实际施工情形，报告其总处转请中财部拨付。

第四十八条 各单位在建设过程中应按期向专业银行提送建设报告及有关资料，专业银行应随时对照各单位用款计划，建设方案，暨实际用款情形，予以检查监督，如发现所施工程与原计划方案不符，或不能依限完成，或报领款项超过实际用款，或支付超过计划，或使用不合经济核算原则及其他不合理现象时，得暂停支付其拨款，并逐级报由银行请各该主管部核办。

第四十九条 专业银行办理国家事业基本建设投资拨款，应按月将拨款支付情形及工程进度报告银行核转中央财政部。

第五十条 各单位建设完成后，应报请主管部及专业银行会同验收，并由专业银行将拨款收付情形编具决算报告，陈报银行核转中央财政部。中央财政部于批准专业银行决算报告后，即将拨款核销转作对该主管部之投资。

第五十一条 中央财政部对银行指定专业银行办理拨款情形，按照下列各项予以审查与监督：

（一）审查拨款支付计划。

（二）审查拨款支付数额与完成工程是否符合。

（三）审查建设工程完成后之拨款支付决算报告。

第五十二条 中财委对财政部办理投资拨款之分配及银行指定专业银行办理全部拨款情形得随时进行检查。

第六章 附 则

第五十三条 本办法有关各项详细处理手续另订之。

第五十四条 本办法已经中财委批准于一九五〇年十二月起执行。

第五十五条 本办法如有未尽事宜由中财委批准后修正之。

3.货币收支计划编制办法

（1950年12月25日政务院财政经济委员会批准）

第一章 总 则

第一条 本办法根据货币管理实施办法第二章订定之。

第二条 货币收支计划为各单位业务经营或经费预算之详细收付数字计划，亦即各单位向银行提出之存款、借款、划拨及用现计划，银行据此计划监督收付，进行清算，考虑贷款，以帮助各单位加速资金周转，严密预算执行，促进国家财经计划之完成。

第三条 货币收支计划分为单位货币收支计划，综合货币收支计划两种；单位货币收支计划由每一独立会计单位编制，综合货币收支计划由各级银行编制。

第四条 各单位货币收支计划应本尽量使用本身资金力量，减少借款，推行划拨，节约现金之原则编制之。

第五条 货币收支计划分季度与月度两种：季度计划具体到月，均应分清收支项目及现金转帐，详细编制。如各单位编制季度计划确有困难者，可先从月度计划开始，但能编季度计划或适宜按季计划之单位，仍应编制季度计划。

第六条 货币收支计划，收支双方总计必须平衡，如遇收入超过支出，应列入银行存款；如遇支出超过收入或早支晚收等原因，需向银行借款时，应另按货币管理实施办法第四章办理之。

第七条 货币收支计划之金额，单位货币收支计划以人民币千元为单位，综合货币收支计划支行以百万元为单位，分行以上以亿元为单位，如有外币或实物支付，应折合人民币计算（除公粮部分外，应一律通过银行转帐）。

第八条 各单位在同地之指定银行不论开户多少，必须一个独立会计单位，编制一个货币收支计划，另按开立户头分编货币收支计划附表，但同一独立会计单位而机构分散在各地者，应一律分别编制货币收支计划，送当地银行。

第九条 编制货币收支计划时，凡单位间之相互往来，除日常零星小额收付可作现金外，一律作转帐计算。凡对私营企业或私人往来及支付工薪旅费等，一律作为现金计算。

第二章 单位货币收支计划编制办法

第十条 单位货币收支计划，应按各单位不同情况，根据其业务经营计划（如生产计划、销货计划、收购计划、财务计划等）全部预算（如经常费预算、临时费预算、特别费预算等）或上级分配之任务编制。并须参照上期实际收支情况估计本期市场季节变化，分别项目精确计算。暂无或未定业务经营计划预算或任务之单位，可根据以往实际情况今后发展估计编制。凡机关部队有生产收入者，编制单位货币收支计划时，除根据其全部预算外，并应将其不属预算范围之收支一并列入。

第十一条 军事机关部队及公安部门，编制单位货币收支计划，可不详列项目，只分列现金、转帐收支总数。其他有关国防部门之单位货币收支计划，经主管部门及同级财委核准，可不详列项目者，仿此办理（银行编入综合货币收支计划之项目，由总行另订）。

第十二条 凡外设临时性之购销单位其收付款项，除一律作为转账列入其单位之单位货币收支计划内处理外，应同时另编临时单位用款计划（同附表一、二），事前送购销地之银行以凭办理收付，至外设长期性购销单位，其应编之单位货币收支计划，仍按第八条规定办理。

第十三条 凡机关部队生产，从事企业经营之各单位，均应单独编制单位货币收支计划。

第十四条 各地中国银行、交通银行其他专业银行及人民保险公司等，应根据本身业务收支及经费用款，编制单位货币收支计划，送当地人民银行。

第十五条 各单位因加工而发生之加工费用，不论其为货币或实物收付，应列入其单位货币收支计划；因代销或代购而发生之货币收付，在委托单位一律作为转账，列入其单位货币收支计划；在代理单位分别现金转帐列入其单位货币收支计划。

第十六条 凡独立会计单位之内部往来不经银行收付者，不列入单位货币收支计划。

第三章 编造系统、送审程序及造报批复时间

第十七条 专署县（市）政府所属各单位（包括企业与非企业的行政单位）编制之单位货币收支计划一式三份（另以副本一份送当地银行）送专署县财委（如无财委由专署县（市）政府另指定一机关负责）核准后，财委留存一份，一份退原单位，一份交银行监督执行。

第十八条 省市政府及军区所属单位（包括企业与非企业单位）及所在地各单位（指除中央直属单位以外一切单位）编制单位货币收支计划一式三份（另以副本一份送当地银行），送省市主管部门审核后，转送省市财委批准后财委留存一份，一份交省市人民银行分行下达该单位开户行监督执行，一份退主管部门下达原单位。

第十九条 大行政区大军区所属各单位（包括代管中央企业）及所在地各单位（指除中央直属单位以外之一切单位），编制单位货币收支计划一式三份（另以副本一份送开户行），送主管部门审核后，转送大区财委批准后，财委留存一份，一份交区行逐级下达该单位开户行，一份退主管单位逐级下达该单位。大行政区与省市政府同在一城市者，其批准分工办法，由大区财委决定之。

第二十条 中央直属单位（指已建金库由中央各部统一调拨运用者，如贸易、铁道、燃料、电信等部门，及直接由中央各部管的

企业与非企业的军事、行政等单位，如石景山炼钢厂及军委后勤部，华北军区后勤部等单位）编制之单位货币收支计划一式三份（另以副本一份送当地银行）送中央主管部门审核后转财政部批准，财部留存一份，一份退主管部由其逐级下达原单位，一份交人民银行总行，逐级下达该单位开户行监督执行。

第二十一条　一般采购单位机关生产，外埠派驻当地之联络办事处，编制之单位货币收支计划一式三份（另以副本一份送当地银行），送当地财委批准后，财委留存一份，一份退原单位，一份交当地银行监督执行。

第二十二条　野战部队编制之单位货币收支计划一式三份（另以副本一份送当地银行或随军银行）送上级供给部或后勤部审核后，留存一份，一份退原单位，一份交当地银行或随军银行监督执行。

第二十三条　银行之单位货币收支计划（包括所属机构之单位货币收支计划）一式三份，一份送当地财委备查，两份报上级银行批准后，退回一份，严格执行。

第二十四条　各级银行之综合货币收支计划，分书面与电报两种。书面综合货币收支计划一式四份，除自存一份外，支行分报专办及分行，分行分报区行及总行，另以一份送同级财委。电报综合货币收支计划两份，支行分报专办及分行，分行分报区行及总行，总行汇总全国综合货币收支计划报中财委备查。

第二十五条　各单位之季（月）度单位货币收支计划，必须在季（月）度开始前十五天送交各级财委，另以副本送当地银行。各级财委或财政部须于月度开始十日前批复。各级银行之综合货币收支计划分别用电报（或长途电话）和书面上报。其送出时间，专署县支行于八天前电报分行（如无电报或长途电话者可免报）。分行应在五天前汇总分行所在地及重点行处之收付总数分别电报总区行。书面之综合货币收支计划支行于本月五号前分送专办及分行。分行于本月十号前汇总全省综合货币收支计划分送总区行。

第四章　综合货币收支计划编制办法

第二十六条　银行综合货币收支计划应根据各单位及银行本身之单位货币收支计划编制，分电报与书面二种：

（一）电报编制办法：应根据当地财委批核之各单位货币收支计划之总数，按机关、企业、部队、合作及其他等项分清转帐、现金编制之。但本地单位应归上级财委批准者，可将其交来副本数字编入说明栏内（详细办法另定之）。

（二）书面编制办法：各级行应根据财委核定及上级行下达之收支数字，按综合货币收支计划规定项目详细汇总编制（附表三、四、五）。

第二十七条　各级银行接到各单位货币收支计划副本后，应即进行详细研究，审查其收支项目是否包括全面，及其所归并之科目是否适合，收支总额是否平衡，转帐与现金是否严格分开，运用是否合理等问题，如有意见得向原单位提出，并报告当地财委。

第二十八条　银行本身之单位货币收支计划，应包括其业务经营部分及经费开支部分。业务经营应除去已编单位货币收支计划之各单位部分。

第二十九条　综合货币收支计划总表应按第三十条规定之项目汇总编制，并按各单位类别分别就其原有项目编制附表，各单位类别如次：

（一）中央企业：

（1）重工业，（2）燃料工业，（3）纺织工业，（4）食品工业，（5）轻工业，（6）贸易事业，（7）铁道事业，（8）交通事业，（9）邮电事业，（10）农业，（11）林垦事业，（12）水利事业，（13）文教卫生事业，（14）财政所属企业。

（二）本行及附属企业。

（三）地方企业：

（1）地方企业，（2）地方公用事业。

（四）合作事业。

（五）机关部队生产。

（六）机关部队。

（七）财政收支。

（八）专业银行。

（九）保险公司。

第五章　货币收支计划项目

第三十条　综合货币收支计划项目分别规定如下：

收入项目：

（1）各单位前期库存。

（2）财政拨款收入。

（3）上级拨款收入。

（4）下级拨款收入。

（5）新增资金收入。

（6）捐税收入（包括保险费收入）。

（7）公债收入。

（8）企业利润折旧收入。

（9）业务收入。

（10）邮政存汇收入（包括汇款、汇差拨入及代理储蓄收入）。

（11）私人存款收入。

（12）私人汇兑收入。

（13）私人贷款偿还收入。

（14）农贷偿还收入。

（15）出售金银外币收入。

（16）其他收入（包括代理业务收入）。

（17）各单位前期存款余额。

（18）各单位银行借款。

（19）业务库存。

（20）增加发行收入。

支出项目：

（1）下拨款项。

（2）上缴款项。

（3）公债还本付息支出。

（4）各项企业投资支出。

（5）工资薪金支出。

（6）购买农产品支出。

（7）购买非农产品支出。

（8）业务支出（指市政、文娱、卫生业务等支出）。

（9）行政管理费支出（指企业部分）。

（10）行政费支出（指机关部分）。

（11）抚恤津贴福利保险费赔偿支出。

（12）修建费支出。

（13）基本建设费支出。

（14）邮政存汇支出（包括汇款、汇差拨出及代理储蓄支出）。

（15）私人存款支出。

（16）私人汇兑支出。

（17）私人贷款支出。

（18）农贷支出。

（19）购买外汇金银支出。

（20）其他支出（包括代理业务支出）。

（21）各单位本期库存。

（22）各单位本期存款余额。

（23）各单位归还银行借款。

（24）业务库存。

（25）回笼货币。

第三十一条 各单位货币收支计划项目分别规定如下：

（一）机关项目：

甲、收入项目：

（1）前期库存——凡前期留存现金属之，列现金。

（2）前期银行存款余额——凡前期银行存款余额属之，列入转帐。

（3）财政拨款——凡由财政金库直接拨付之款项属之。

（4）上级拨款——上级拨付之经费临时费补助费等属之。

（5）下级缴款——凡下级机关缴上之税款及其他款项属之。

（6）税捐收入——凡经征之中央税地方税属之（税收机关专用）。

（7）企业利润折旧收入——凡企业所交来之利润及折旧属之，列入转帐（财政机关专用）。

（8）公债收入。

（9）其他收入——凡无适当项目可以归入之收入属之（如学校之学费，机关之废品出售等）。

乙、支出项目：

（1）工薪支出——凡工资薪金（包括供给制全部费用）包干费等款项属之。

（2）下拨款项——凡下拨之经费、临时费、补助费等一切款项属之。

（3）行政费支出——凡购置办公用具，支付水电费，修缮房屋，零星开支等费用属之。

（4）抚恤福利支出——凡职工抚恤、福利、津贴、保险卫生文教等费用属之。

（5）基本建设费支出——凡建筑房屋或政府拨付之基本建设费支出属之。

（6）修建费支出——凡较大修理房屋或仓库等支出属之。

（7）上缴款项——凡上缴之税款及其他款项属之。

（8）其他支出——凡无适当项目可以归并之支出属之。

（9）本期库存——凡本期留存现金属之，列入现金。

（10）本期银行存款余额——凡本期银行存款余额属之，列入转帐。

（11）各项企业投资支出——凡对企业部门拨出之资金属之，列入转帐（财政机关专用）。

（12）公债还本付息支出。

（二）企业合作科项目：

甲、收入项目：

（1）前期库存——凡前期留存现金属之，列现金。

（2）前期银行存款余额——凡前期银行存款余额属之，列转帐。

（3）财政拨款——凡由财政金库直接拨付之款项属之。

（4）上级拨款——凡上级拨付之业务经费补助费等款项属之，净列入转帐。

（5）新增资金——凡由政府或上级增拨之资金及合作社增加之股本属之。

（6）业务收入——凡业务上之收入如商品销售、生产品销售、交通邮电、运输公用文化等收入属之。

（7）代理业务收入——凡代销代购代理税收公债或信托业务等收入款项属之。

（8）下级缴款——凡下级上缴之款项属之，列入转帐。

（9）银行借款——凡向银行借入之款项属之，列入转帐。

（10）其他收入——凡利息收入，什项收入及不关其他项目之收入属之。

（11）汇款收入——邮政汇兑收入属之（邮局专用）。

（12）代理储蓄业务收入（邮局专用）。

（13）代理其他业务收入（邮局专用）。

（14）汇差划拨收入（邮局专用）。

（15）保险费收入（保险公司专用）。

（16）私人存款收入（银行专用）。

（17）私人汇兑收入（银行专用）。

（18）私人贷款偿还收入（银行专用）。

（19）农代偿还收入（银行专用）。

（20）出售金银外币收入（银行专用）。

（21）业务库存（银行专用）。

（22）增加发行收入（银行专用）。

乙、支出项目：

（1）工薪支出——凡工资薪金（包括供给制全部费用）包干费等款项属之。

（2）下拨款项——凡拨付下级之款项属之，列入转帐。

（3）购买农产品支出——凡收购农业产品所需用款属之。

（4）购买非农产品支出——凡购买非农产品所需用款属之。

（5）代理业务支出——凡代购代销或信托业务等支出款项属之。

（6）基本建设费支出——凡建筑厂房、购买机器及巨额建筑等支出属之。

（7）修建费支出——凡较大之修理房屋或仓库用具、机器等支出属之。

（8）行政管理费支出——凡在行政管理方面除工薪外，所发生之一切费用属之，包括小额修缮之类。

（9）业务支出——市政、文娱、卫生等业务支出属之。

（10）上缴款项——凡上缴之业务收入、利润、折旧等属之，列入转帐。

（11）抚恤、福利支出——凡职工抚恤、福利、津贴、保险、卫生、文教等费用属之。

（12）归还银行借款——凡归还银行之借款属之，列入转帐。

（13）其他支出——凡无适当项目可归入之支出属之。

（14）本期库存——凡本期库存现金属之，列入现金。

（15）本期银行存款余额——凡本期银行存款余额属之，列入转帐。

（16）汇款支出（邮局专用）。

（17）代理储蓄业务支出（邮局专用）。

（18）代理其他业务支出（邮局专用）。

（19）汇差划拨支出（邮局专用）。

（20）保险赔偿支出（保险公司专用）。

（21）私人存款支出（银行专用）。

（22）私人汇兑支出（银行专用）。

（23）私人贷款支出（银行专用）。

（24）农贷支出（银行专用）。

（25）购买金银外币支出（银行专用）。

（26）业务库存（银行专用）。

（27）回笼货币（银行专用）。

第三十二条 各单位应根据上列项目，将原有预算或会计科目并入适当项目，如确无适当项目归并时，可列入其他收入或其他支出项目。归并科目之情形，必须同时填送归并项目对照表说明之（附表七）。

第六章 附 则

第三十三条 每季（或月）终了后，银行应按各单位实际收付数字就第二十九条所列分类系统分别汇总。编造货币收支计划执行情况表（附表八）一式三份，一份自存，一份送当地财委，一份报上级行，逐级汇总报总行转中财委备查。

第三十四条 各单位因情况变化，收付超过原货币收支计划批准数字，发生支出超过收入时，应编制追补计划（附表九），其编送审核程序依第三章办理。

第三十五条 本办法为统一之货币收支计划编制办法，各级银行具体执行时，如确有需要，可结合当地情况拟具编制货币收支计划补充办法（不得与本办法抵触），经当地财委同意后，交各单位执行。

第三十六条 本办法呈请中财委批准后施行，修正时同。

附表：略

4. 一九五〇年第一期人民胜利折实公债条例

（1949年12月16日政务院第十一次政务会议通过　同日公布）

第一条　中华人民共和国中央人民政府为支援人民解放战争，迅速统一全国，以利安定民生，走上恢复和发展经济的轨道，特发行一九五〇年人民胜利折实公债。

第二条　本公债之募集及还本付息，均以实物为计算标准，其单位定名为“分”，总额为二万万分，于一九五〇年内分期发行。第一期债额定为一万万分，于一月五日开始发行。继续发行时间，由政务院决定之。

第三条　本期公债每分之值依下列规定计算之：

（一）每分所含之实物为：大米（天津为小米）六市斤、面粉一市斤半、白细布四市尺、煤炭十六市斤。

（二）上项实物之价格以上海、天津、汉口、西安、广州、重庆六大城市之批发价，用加权平均法计算之；其权重定为：上海百分之四十五，天津百分之二十，汉口百分之十，广州百分之十，西安百分之五，重庆百分之十。

（三）每分公债应折之金额由中国人民银行依照本条例（一）（二）两项规定之计算法计算，每旬公布一次，以上旬平均每分之折合金额为本旬收付债款之标准。例如，一日至十日的平均每分之折合金额，于十一日公布，作为十一日至二十日收付债款之标准。

第四条　本期公债票面额分为：一分、十分、一百分、五百分四种。

第五条　本期公债分五年作五次偿还，自一九五一年起，每年三月三十一日抽签还本一次：第一次抽还总额百分之十；第二次抽还总额百分之十五；第三次抽还总额百分之二十；第四次抽还总额百分之二十五；其余百分之三十于第五次还清。

第六条 本期公债利率定为年息五厘，照本条例第三条所规定之折实计算标准付给。自一九五一年起，每年三月三十一日付息一次。

第七条 认购公债人须按缴款时中国人民银行公布每分之折合金额用人民币缴纳，换取债票。还本付息时，亦按付款时中国人民银行公布每分之折合金额以人民币支付之。

第八条 本公债之发行及还本付息事宜，指定由中国人民银行及其所属机构办理之；中国人民银行尚未设置机构之地区，得由中国人民银行委托其他机关代理之。

第九条 本公债不得代替货币流通市面，不得向国家银行抵押，并不得用以作投机买卖。

第十条 凡有伪造本公债或损害本公债之信用行为者，依法惩处之。

第十一条 本条例自公布之日施行。

5.政务院关于发行一九五〇年
第一期人民胜利折实公债的指示

（1949年12月30日政务院第十三次政务会议通过　同日发布）

（甲）一九五〇年人民胜利折实公债，业经本院第十一次政务会议决定，于一月五日起开始发行，第一期发行总额为一万万分。按照各大行政区城市的多寡、大小，人口的多少，经济情况的好坏和工作的进展的程度等，分配各区推销任务如下：

华东区	四五〇〇万分，
中南区	三〇〇〇万分，
华北区	一五〇〇万分，
西南区	七〇〇万分，
西北区	三〇〇万分。

（乙）由于继续支援解放战争以及必需逐渐地有计划地医好战争的创伤，由于明年必需供给九百万的军队和行政人员，由于必需开始准备恢复和发展经济的各种条件，并由于新解放区的财政收入是缓慢的逐渐增加的，因而在一九五〇年全国财政收支概算中还有赤字。为了弥补赤字，减少现钞发行，有计划地回笼货币，使一九五〇年全国的物价，达到逐渐稳定的程度，以开始保证各阶层人民的安定生活和工商业的正常发展，才决定发行人民胜利折实公债。因此，人民胜利折实公债，可以说是为了胜利而发行，是一种“胜利负担”，全国人民均应踊跃购买。

一九五〇年人民胜利折实公债，共发行二万万分。公债数字与国家总收入数字相比较，是很小的，但它在克服我国目前所遇到的暂时的困难中，可能起一定的作用。毫无疑问，人民解放战争不要很久将完全胜利的结束。所接收的国民党部队和其他旧职员，约有四五百万人，在一两年之内，经过教育改造，也必然会大批转入生产事业。这样，在一两年后，军政费开支便会慢慢地减少下来。一九五〇年经济建设投资，约占全国财政支出的百分之二十四，远超过公债数额，以后投资必然会逐年增加，随着国民经济的恢复，财政状况也必将会逐渐向上好转，到那时，我们国家的困难，当会少于现在。

（丙）人民胜利折实公债的特点：（一）它虽是为了弥补赤字而发行，但它是有保证的，是建筑在全国胜利的基础上而发行的，它保证可以按期归还本利。（二）它是折实公债，等于定期储蓄。（三）它是有利息的，年息五厘。（四）时间不长，一年之后，即开始还本付息，五年还清。有这些好处，就给购买者以很大的利益，给社会游资开辟了一条正当的出路。

（丁）发行人民胜利折实公债，会不会因银根抽紧而使物价暴跌？物价暴涨对人民有害，暴跌对人民亦有害。因此，各级人民政府，在推销公债过程中，应采取一切有效办法，使市场银根适度，保持物价的正常状态，具体办法如下：（一）财政机关，必需把财政开支和推销公债、回笼货币的工作，加以有机地配合。（二）贸易机关，应视市场情况，根据自己的力量，有计划地吞吐物资。（三）金融机关，应为黄金持有者购买公债方便起见，以适当的比价，兑收一部分黄金。

（戊）公债推销对象，主要应放在大中小城市的工商业者、城乡殷实富户和富有的退职文武官吏。同时，各级人民政府在推销公债过程中，又必须审慎地区分工商业的大、中、小，殷实富户的大、中、小及工业、商业等具体情况，合理地分配推销数字。

大家都会同意，老解放区的农民在长期战争中，人力、物力、财力的负担已经很重，今年公粮负担，又达其总收入的百分之二十，公债不能再向农民推销，但自愿、合伙、小额承购者，也是欢迎的。

人民解放军向为供给制度，其生活最为艰苦，但它在历来的革命运动中，均起带头作用，在自愿原则下，欢迎其购买，不分配固定额数。

城市工人、职员、学生、公教人员和自由职业者，爱护祖国，向不后人，在自愿原则下，亦欢迎其购买，不分配固定额数。

国外华侨，对祖国解放事业，一向热心，希望其踊跃承购。

为此，各级人民政府，应在推销公债过程中，利用各种机会各种场合如各界人民代表会议、各种座谈会、同业公会等，向爱国的工商业界和殷实富户等，反复说明发行人民胜利折实公债的目的，务使大家从照顾全局、照顾广大人民利益出发，踊跃购买，为国家出一把力，以克服祖国胜利中所遇到的暂时的财政困难。

（己）为便于推销工作的进行，县市以上各级人民政府，应组织人民胜利折实公债推销委员会，人民政府应指定专人负责，吸收财政、银行、贸易等部门负责人和各民主党派、各人民团体及各界公正人士参加，负责办理推销与宣传事宜。

推销人民胜利折实公债，必须贯彻民主精神，做到公平合理，反对强迫摊派。各县市可按不同的行业分配预定数字，采取说服劝募、自报公议的办法，鼓励踊跃认购。各县市在分配预定推销数字时，如遇各该县市召开各界人民代表会议时，应提交代表会议讨论和通过。

各大行政区及中央直属华北五省二市人民政府，自公债推销工作开始之日起，须每十日（按月逢十）将推销情况电告本院财经委员会一次，不得间断。

关于公债每分所含实物的物价通报办法，另行公布。

（庚）各级文教机关，各人民团体，应依据上列各项指示，利用各种机会及各种方式，负责进行宣传与劝募。

6. 一九五〇年东北生产建设折实公债条例

（1950年2月15日东北人民政府公布）

第一条 东北人民政府为继续筹措建设资金，加速东北人民经济之恢复与发展，经中央人民政府政务院批准，特发行一九五〇年东北生产建设折实公债。

第二条 本公债之募集及还本付息均以实物为计算标准，其单位定名为“分”，总额为三千万分，于一九五〇年内分上下两期发行，第一期一千七百万分，于三月份发行；第二期发行时间另订之。

第三条 本公债每分之值以沈阳市高粱米五市斤，五福布一市尺，粒盐五市斤，原煤三十四市斤之市价总合计算之。

第四条 本公债每分之值，由东北银行总行于发行及还本期间每月逢一日、十一日、二十一日根据上旬物价计算公布一次，作为本旬收付公债款之标准。

第五条 本公债票面分为一分、五分、十分、五十分、一百分五种。

第六条 本期公债分五年作五次偿还，自一九五一年起每年抽签还本一次。第一次抽还总额百分之十，第二次抽还总额百分之十五，第三次抽还总额百分之二十，第四次抽还总额百分之二十五，其余百分之三十于第五次还清。

第七条 本期公债利率定为年息五厘，照本公债第二条所规定之实物计算标准，自一九五一年起至一九五五年止每年各付息一次。

第八条 认购公债人须按缴款时东北银行总行所公布之每分之值计算，认购若干分，用现款一次缴纳，换取债票，还本付息时亦按付款时东北银行总行公布之每分之值以现款支付之。

第九条 本公债发行及还本付息事宜指定由东北银行及其委托之公营企业暨合作社办理之。

第十条 本公债不准挂失，不准代替货币行使，不准向国家银行抵押。

第十一条 凡有伪造或毁损本公债之信用行为者依法惩处之。

第十二条 本条例自公布之日施行。

7.财政部设置财政检查机构办法

（政务院批准　1950年11月15日公布）

第一条　中央人民政府财政部（以下简称中央财政部）为建立财政检查制度，设置各级财政检查机构，特制定本办法。

第二条　各级财政检查机构，依左列各级次设置之。

一、中央财政部设财政检查司。

二、各大行政区财政部设财政检查处。

三、各省市财政厅、局设财政检查处或科。

四、各专署及省属市财政局、科设财政检查科或股。

五、各县设财政检查员。

财政检查司主持全国财政检查事宜，各处、科、股、员依其设在机关之管辖区域，行使财政检查权。

第三条　财政检查司受中央财政部之领导，以下各级财政检查机构，依级次受其上级财政检查机关之领导，并受设在机关之领导。设在机关与上级财政检查机关的意见有抵触时，应执行上级财政检查机关的决定和指示。

第四条　各级财政检查机构之职权如左：

一、关于执行财政政策、法令、制度之检查事项。

二、关于政府机关、公营企业、公私合营企业、国家拨助基金设立之合作组织和接受政府补助经费之人民团体的预算、决算、编制之检查事项。

三、关于政府机关、公营企业、公私合营企业、国家拨助基金设立之合作组织和接受政府补助经费之人民团体的预算执行、资金运用、经费收支之检查事项。

四、关于公营企业、公私合营企业和国家拨助基金设立之合作组织的完成财政任务及纳税义务之检查事项。

五、关于财政执行上违法行为之检举事项。

六、关于审计会计人员执行审计会计工作之检查事项。

七、关于人民银行、金库、其他国营金融机构、公私合营金融机构、国家保险公司、海关、税局、粮局、盐局、和专卖机关等执行财政任务之检查事项。

第五条 各级财政检查机构依职权进行检查任务时，得采取下列措施：

一、调阅被检查部门之财务计划，账务表册，原始单据，检查库存现金，有价证券，各项实物，文书案卷及一切有关凭证。

二、在检查中发生疑问时，得责成被检查部门提出书面说明，并得向其他有关机关、团体、企业及个人，进行调查并搜集资料。

三、发现被检查部门，对财政经济政策、法令、制度及计划执行不当时，得提请财政主管部门，就其预算经费或应拨资金，予以缓发、减发、停发或追回。

四、发现违反财政政策、法令、制度、纪律及其他非法行为之事件，得提出改进及处分的意见，通知被检查部门或其主管机关处理之，其情节重大应受惩戒或刑事处分者，须分别移送同级人民监察委员会，或同级检察机关处理。

对于财政检查机构通知处分之案件，被检查部门或其主管机关有延压或处理不当情事，财政检查机关得查催或质询之，各该机关或人员应作负责之答复。财政检查机构对于前项答复仍认为不当时，得提请各级人民监察机关查办。前项延压或处理不当之机关或人员应连带负责。

五、对被检查部门，得提出关于财政执行及收支情况之适当指示。

六、发现现行法令及预算与实际情况不适合时，应向上级主管机关，提出建议。

七、对财政计划执行情况的检查，应将检查结果会同被检查部门负责人（如不同意得不签字）报告上级检查机关及设在机关首长。

第六条 被检查部门，对检查机构之措施，认为不当时，得备具理由，向其上级检查机构，声请复核处理。

第七条 中央财政部财政检查司设司长一人，司长以下设处长、科长、科员、办事员各若干人。

各大行政区财政部财政检查处，各设处长一人，处下设科长、科员、办事员各若干人。

各省市财政厅局财政检查处或科、各设处长或科长一人，科员、办事员各若干人。

各专署及省属市财政局、科财政检查科或股，各设科长或股长一人，股员若干人，各县财政局、科，设财政检查员一人，助理员若干人。

以上各司、处、科、股长，均得设副职，司、处级并得设检查专员，秘书等职。

第八条 财政检查司正副司长，各级财政检查机构之正副处长、科长、股长、及检查员等，其任免程序依政务院规定行之。

第九条 各级财政检查机构之编制，由中央财政部提出意见，报请政务院核准之。

第十条 各级财政检查机构，均须建立报告制度，定期呈报直属上级检查机构，及其设在机关首长。

第十一条 各级财政检查机构执行任务时，应与各级人民监察委员会随时取得联系，如有应受惩戒之案件，须会同检查。

第十二条 本办法经中央人民政府政务院批准公布之日施行。

8. 中央合作事业管理局　中国人民银行关于国家银行扶助合作社的决定

（1950年10月16日政务院财政经济委员会批准）

一、为了扶助合作事业的发展，国家银行在放款及其他业务上，要对合作社予以各种优待。合作社则应加强经济核算，接受国家银行在财务计划，贷款使用方面的监督；合作社应执行国家银行所规定的现金管理办法。

二、合作社贷款计划与掌握：

甲、长期贷款：期限一年以上的合作贷款，于年度开始前，由全国合作社联合总社拟具计划，呈中财委核准，列为财政预算拨款，经由银行贷给，按计划使用。

乙、短期贷款：期限一年以下的合作贷款，除编制年度计划外，每季还要自下而上编季度贷款计划，由全国合作社联合总社汇总并得人民银行总行同意确定后，由全国合作社联合总社编制具体分配到大行政区或各省的计划，再经总行与总社各按系统将分配计划下达。在此计划范围内，由下级行与当地的合作社随时根据需要洽谈贷款。

丙、合作社请求贷款时，应提供用途说明及上级批准的经营计划，并订立借款契约，银行随时可以派员了解合作社业务情况及贷款使用情况。合作社对此种检查，应予各种便利和帮助。合作社在业务经营中，如因特殊情形有透支需要，应在计划贷款额内提出意见，交由当地银行呈准，予以透支方式之便利。

丁、为大力扶助合作社迅速发展，贷款利率供销合作社可比照国营商业贷款利率减低10%，生产合作社可比照国营工厂贷款利率减低10%，存款利息与国营事业同。

戊、合作社贷款原则上要有抵押和保证人，如因事实困难经银行同意得由上级社保证，即不再提供抵押品；上级社应负责督促下级社履行合同，如期偿还本息。

三、合作社应彻底执行现金管理制度，并逐渐编制现金收支计划。各级合作社与各级银行要订立各种业务合同，规定合作社联系到货币金融的各种活动，一律通过国家银行；国家银行在承办这些业务时，应对合作社予以优惠待遇（存放息优待如上述；汇划可免收汇费；保险费率折扣优待。详情应由各地行社本此原则根据当地情况自行规定）。

四、银行掌握的农副业贷款，如贷款地区的合作社具备条件，应尽可能通过合作社代为办理。合作社代理此项业务时，行社双方事先妥订合同，忠实执行。其他业务在合作社有可能办理时（如保险、储蓄等），亦可委托合作社代办。一切代办业务，均订立合同，照合同办事，并报上级行社备查。

五、各级合作社要加强经济核算，积累和充分运用自有资金，编制财务计划并以其副本送当地银行。国家银行在合作社充分合理运用其自有资金条件下，予以短期周转的资金支持，并在资金关系上，监督其计划的完成。

9.政务院关于实行国家机关现金管理的决定

（1950年4月7日政务院第二十七次政务会议通过　同日发布）

一、中央人民政府政务院为有计划地调节现金流通及节约现金使用，特决定对国家机关实施现金管理，并指定中国人民银行为现金管理的执行机关，负责办理及检查有关现金管理事宜。

二、凡一切公营企业、机关、部队及合作社等所有现金及票据，除准予保留规定之限额外，其余必须按照中国人民银行存款办法存入当地中国人民银行或其委托机构，不得存入私营行庄。

各公营企业、机关、部队及合作社等，自己保存的现金数目，得由各该单位提供材料，与当地中国人民银行商定，报请当地财政经济委员会核定之。其限额，在设有中国人民银行机构的地方，一般不得超过三天的日常开支；尚未设置银行机构的地方，一般不得超过一个月的日常开支。

各公营企业、机关、部队及合作社间的相互往来，须使用转账支票，经过中国人民银行转账；埠际之间往来，须经过中国人民银行汇拨。除发放工资、向农村采购及在城市零星开支等必须使用之现金部分外，均应使用中国人民银行支票，不得以现金支付。

以上各项定为重要的财政纪律之一，自公布之日起，必须严格执行，并责成中国人民银行负责督促检查。如有违犯上述规定者，得由中国人民银行报请同级和上级财政经济委员会及监察机关，按情节轻重，酌予惩处。

三、为更进一步的实行现金管理，使现金流转能照预定计划进行起见，俟具备必需条件后，各公营企业、机关、部队及合作社，即须按期编制现金平衡收支计划，经当地财政经济委员会核准后，汇交当地中国人民银行执行。中国人民银行在执行此计划时，要与帮助各企业办理清算和信贷业务相结合，以减少现金流通数量。为逐步达到此目的，责成中国人民银行草拟编制现金收支计划和帮助各企业办理清算的具体办法，发给各级中国人民银行及主要机关及公营企业研究参考。并首先从中央直属的主要部门试办，取得经验，俟条件成熟，再明令公布推行。

四、为达到使中国人民银行成为现金出纳的中心，中国人民银行须力求健全机构，改善业务手续，务使办理收款、付款、汇拨等业务时，作到迅速和准确，使之适合于为公营企业、机关、部队及合作社服务的要求。

10.政务院关于统一国家财政经济工作的决定

（1950年3月3日政务院第二十二次政务会议通过　同日发布）

目前我们的财政经济情况，有以下一些特点：（一）根据各区报告：全国军政公教人员已近九百万人；（二）去年秋季规定征收的公粮，虽已大部征起，但在若干地区尚未征齐，且在征收工作中发生偏向。税收的实收数字与预定计划亦有距离；（三）过去国家支出的大部由中央人民政府负责和依靠增发通货，现在则公粮和税收大多尚由各区省市县人民政府管理。此种财政上的不统一和收支机关之间的脱节现象，如果任其继续下去，则势必额外增加通货的发行；（四）除西藏外，中国大陆已全部解放，由通货膨胀而来的金融物价波动，已不能限于一地，而势必影响全国。但是全国人民经过了十二年战争和通货膨胀之后，生活已极困难，需要我们努力防止通货膨胀。

上述的财政收支不平衡与收支机关脱节现象，如不速求克服，则不但一九五〇年的财政概算有被冲破的危险，而且由此而来的金融物价波动，将大大增加全国人民的困难。但是必须指出：目前财政情况比之去年已有改善，进一步缩小财政收支之间的不平衡和防止金融物价大波动的可能性已经存在。其关键在于：节约支出，整顿收入，统一财政收支的管理。为了达到这个目的，中央人民政府政务院特作如下各项决定：

（一）成立全国编制委员会。以薄一波为全国编制委员会主任，由人民革命军事委员会派聂荣臻为副主任。各大行政区、省、大市均分设编制委员会，制订并颁布各级军政机关人员、马匹、车辆等等编制。各部队各机关的首长必须亲自负责，核实现有人员马匹，消灭虚报估计数字。立即停止各机关不经批准自行添招人员及招人开训练班的现象。政府及企业部门编外及多余的人员，不得擅自遣散，均由全国各地编制委员会统一调配使用。各部门各企业如须增添人员，在经过适当机关批准之后。必先向全国编制委员会请求调配，只有调配不足又经适当机关批准时，才能另外招收。所有旧军队旧人员一齐包下来的政策不变，但在我军解放前已跑散人员，不必继续招回。自己要求回家的人员，不必强留。包下来的人员，亦不应采取消极的包饭态度，应该有步骤地加以改造和合理使用。

（二）成立全国仓库物资清理调配委员会。以陈云为全国仓库物资清理调配委员会主任，杨立三为副主任。各大行政区、省、市、县，各后勤部，各企业，各工厂，均分设仓库物资清理调配委员会。各级首长亲自负责，指导清查仓库，在本年六月底前查明所有仓库存货，无隐瞒地逐级转报全国仓库物资清理调配委员会，不得打埋伏，不得擅自转移。所有仓存物资，由政务院财政经济委员会统一调度，合理使用，以便减少今年的财政支出及向国外定货。

（三）厉行节约。所有机关和公立学校，必须规定工作人员和学生的数量及每个人员的工作定额。所有国家工厂和企业，除规定职工人数及生产的质与量外，必须实行原料消费的定额制度，铲除囤积材料的浪费行为。一切国营经济部门，均须提高资金的周转率，保护机器资材，建立保管制度，严惩贪污浪费人员。全国均应节省一切可能节省的开支，缓办应该缓办的事务，以便集中财力于军事上消灭残敌，经济上重点恢复。

（四）全国各地所收公粮，除地方附加粮外，全部归中央人民政府财政部统一调度使用，各省、市、县、区人民政府，非依粮局支付命令，不得支取公粮；同时省、市、县、区人民政府负有保管公粮不使损失腐烂与协助运输的责任。由于若干地区去年歉收和大城市需粮浩大，因此，必须由政务院财政经济委员会拟定全国范围的公粮调拨计划，以便达到合理使用的目的。除人马口粮、集中起来的残废军人优待、救济、婴儿保育粮外，不经批准，各地不得以公粮发作经费。在中央人民政府财政部审慎计算其可能，发出调拨命令之后，各省不得拒绝以本省公粮运济外省或其他地区。凡属拨给外地的粮食，均应拨给近地的好粮。责成中央人民政府财政部制定关于公粮支付、保管、运输的各项规定。

（五）除批准征收的地方税收外，所有关税、盐税、货物税、工商税的一切收入，均归中央人民政府财政部统一调度使用。全国各大城市及各县如在二月底尚未建立国库者，统限于三月中建立好，并代理地方库业务。三月份起所有税款逐日入库。离库较远之镇市，则由各地财政经济委员会规定时间按期入库，禁止延期缴库及挪借行为。税收是国家财政的主要收入之一，是全国财政开支恢复经济所需现金的最大来源，为了完成征税工作，全国各大城市及各县的人民政府必须委任最好的干部担任税务局长。

前述四五两项的公粮征收额，包括地方附加公粮征收额在内及税则、税目、税率，统由中央人民政府财政部提交中央人民政府政务院决定施行，不经批准，各地人民政府不得增减和变动。

（六）为了调节国内供求，组织对外贸易，有计划地供售物资与回笼货币，各地国营贸易机关的业务范围的规定与物资调动，均由中央人民政府贸易部统一指挥。各地人民政府与财政经济委员会负有监督和协助本地贸易机关执行中央人民政府贸易部统一计划的任务。非经中央人民政府贸易部批准，各地贸易机关不得改变中央人民政府贸易部规定的业务计划。贸易机关与各企业、各工厂、各合作社的营业往来，均须依照经营业务的正常经济核算制度，不得以财政经费不足的理由，拖欠贸易机关的货款。一切经济机关之间的营业往来，必须严守信用，凡遇对方失信时，得向法庭控告。凡属中央人民政府贸易部所属国营贸易机关每日售得的现金，必须逐日解缴国库，不得挪用延缴。各地贸易机关除经中央人民政府贸易部批准者外，不得向国库支取贸易金款。一切部队机关，必须严遵毛主席命令，不得经营商业。

（七）凡属国家所有的工厂企业，分为三种办法管理：一是属于中央人民政府各部直接管理者，二是属于中央人民政府所有，暂时委托地方人民政府或军事机关管理者，三是划归地方人民政府或军事机关管理者。依此标准，责成政务院财政经济委员会划清现有各国有工厂和企业的管理责任，并制定对这些工厂企业投资贷款的条例。一切公营工厂企业及合作社，均须依照中央人民政府财政部的规定，按时纳税。一切中央政府或地方政府经管的工厂企业，均须将折旧金和利润的一部分，按期解交中央人民政府财政部或地方政府，其解交的总数和按期交出的数量，由政务院财政经济委员会及地方政府根据情况分别规定之。

（八）指定人民银行为国家现金调度的总机构。国家银行应增设分支机构，代理国库。外汇牌价与外汇调度由人民银行统一管理。各公营经济部门及各机关请求外汇，统由政务院财政经济委员会审核。私人请求外汇办法仍旧。一切军政机关和公营企业的现金，除留若干近期使用者外，一律存入国家银行，不得对私人放贷，不得存入私人行庄，违者应受处罚。国家银行应尽量吸收公私存款，但国家银行本身业务上使用这些存款的限度，亦不能超过政务院财政经济委员会的规定。

（九）中央人民政府财政部必须保证军队与地方人民政府的开支及恢复人民经济所必需的投资。对军队及地方经费的现金支付办法，应按照编制的确有人数，根据供给标准和全国概算所列的现金部分，按月按季地批准各部队各部门的预算，按期支付现金。其原则是先前方，后后方，先军队，后地方。对地方经费的支付，照供给标准应发经费中扣除其地方税收及企业收入所入的部分。国营企业的投资，文教社会事业费的支付，依照全国概算及政务院财政经济委员会批准的各期支付数量支付之。国营企业请领投资款项前，必先有经过批准的相当的工程预算。为确保军政费、事业费及企业投资的币值，国家银行对一切军政部门及公营企业举办短期的无利的或一定数量下低利的折实存款。中央人民政府财政部为保证上述各项经费的支出，必须严格地管理税款、公粮支拨、公粮实物变款、公债收入、国营企业上缴利润、折旧金等等，以保证这些收入按时入库。

（十）中央人民政府政务院认为严格地实行上述九项，国家的财政困难就可能克服，军政费用的开支就可以保证，金融物价的大波动就可能防止，因此，必须严格地完全地予以执行。凡不实行、不遵守上述各项规定者，即属破坏人民利益，违犯国家法纪，中央人民政府将制订适当的法律，给予这些分子以必要的制裁，来保障上述各项规定的严格实行。

在过去的时期，各级地方工作同志在支援前线、征收粮税等等方面做了很多工作，今后仍负着极大的责任，他们的工作与军事胜利是分不开的。同时，在目前实行财政经济管理的统一，因为许多地方是新解放区，在工作进度上说，也有若干困难的。但由于财政情况的困难，收支机关的脱节，金融物价的不稳，因此，要求我们必须有进一步的统一。在公粮、税收划归中央人民政府统一支配以后，地方经费开支，比前困难的情况是可能发生的，但应该设想这种困难比之全国财政经济的管理继续不统一和金融物价大乱而来的困难，其程度和后果要小得多。因此，必须强调部分服从全体、地方服从中央的原则，宁愿忍受若干较小的困难，以便防止和避免更大的困难。各地领导同志必须保证在粮税归中央人民政府统一支配之后，一切地方工作同志不但不应有消极不负责任的态度发生，而且对今后财政经济工作，应有更加积极负责的态度。这是我们的要求，也是地方工作同志的责任。

11.政务院关于统一管理一九五〇年度财政收支的决定

（1950年3月24日政务院第二十五次政务会议通过
1950年4月1日发布）

为了克服国家财政收支不平衡与收支机关脱节的现象，为了节约支出，整顿收入，统一国家财政收支的管理，中央人民政府政务院特作如下各项决定：

一、国家财政统一于中央人民政府：税收制度、财政收支程序、供给工资标准、行政人员编制及全国总预决算，均由中央人民政府财政部根据中央人民政府委员会批准的全国财政收支总概算会商有关部门统一制定或编制，分别呈经中央人民政府政务院批准或转呈中央人民政府委员会批准后实行。各大行政区、各中央直辖省（市）人民政府，根据中央人民政府委员会批准之全国财政收支总概算并根据各地具体情况，编制本大行政区（包括所属省市在内）、本省（市）人民政府之全年财政收支预算及分月分季的财政收支计划，报中央人民政府财政部核定后执行。各大行政区、各中央直辖省（市）人民政府须向中央人民政府财政部按照统一规定的科目，于每月月终报告本月的收支情况，于每季终了，报送本季度收支计算；年度终了，并须编制本年度决算报请审查。上述季度收支计算，须在下一季度开始后两个月以内送达；年度决算须于下一年度三月底以前送达。各大行政区、各中央直辖省（市）人民政府年度决算，由中央人民政府财政部审查后，连同中央级年度决算，汇编全国年度总决算，送呈中央人民政府政务院转呈中央人民政府委员会批准。

各大行政区所属省（市）人民政府，须分别根据各该大行政区之全年财政收支概算，编制本省（市）人民政府之全年财政收支预算及分月分季收支计划，报告大行政区人民政府财政部核定后实行。并须向大行政区人民政府财政部按照规定的科目，每月报告收支情况，每季季度及年度终了，造报季度计算及年度决算；并另以一份报中央人民政府财政部备查。

各级人民政府及其财政部门，均必须负责保证收入不得减少，支出不得超过。

二、各地所收之国家公粮及其折征之代金或其他实物、关税、盐税、货物税、工商业税，均归中央人民政府所有。税款一律解缴中央人民政府金库。国家公粮统限于征收后半月内全部归入中央公粮库。其他实物则由地方暂行代管，听候中央人民政府财政部指拨。税款在已设金库之城镇，统限当日入库，其距金库较远收入较少之市镇，限于三日至五日内入库，严禁稽延入库或挪用。在有电报电话设备之地区，征收机关及金库，须各按系统每日以电报或电话逐级向上报告收入情况。各级金库，有权向征收机关督催收入，征收机关解款入库时，各级金库亦须随到随收，不得借故推延或拒收，如在税收旺季，收入较多，点收不及者，可经上级金库批准，得临时雇用点票员若干人参加工作，各大行政区、省（市）人民政府财政部门并须按期检查，负责监督执行。

除上述税收外，其他薪给报酬所得税、存款利息所得税、印花税、遗产税、交易税、屠宰税、特种消费行为税、房产税、地产税、使用牌照税、牧税、码头使用费以及其他地方捐税，统由中央人民政府财政部根据各大行政区、各中央直辖省（市）人民政府之全年财政预算，划归地方留用；各大行政区所属省（市）人民政府应留用部分，则由各大行政区人民政府财政部根据各省（市）人民政府之全年财政预算予以划分。划归地方留用之税收，其税款亦须存入中国人民银行，由银行代理地方金库，严禁税款向私人银行银号存放。

税收划分后，中央税收，由中央人民政府财政部指拨。地方留用税收，依其划归地方政府范围，分别由各级地方政府财政部门指拨。

中央人民政府给各大行政区、省（市）规定的国家公粮及税收任务，各大行政区、省（市）人民政府必须遵照中央人民政府所规定的政策和税种、税则、税率努力征收；超过其规定任务者，超过部分，公粮按八成留归地方，二成上解中央；税收按七成留归地方，三成上解中央，以资奖励。各大行政区并得根据各省（市）人民政府开支情况，在留归地方之部分内，斟酌分配留归大行政区若干，各省（市）若干。

乡村各项经费包括乡村小学、文娱活动、修建、县简师、教育馆、医院设备、农场、苗圃、修路、优待革命军人家属、民兵训练等经费在内，可由县人民政府随国家公粮征收地方附加公粮解决，但地方附加公粮，不得超过国家公粮的15%，即国家征收公粮一百石，地方附加公粮不得超过十五石。各城市的市政建设费、小学教育文化卫生费、郊区行政教育费等开支，可征收城市附加政教事业费解决，此项地方附加公粮和城市附加政教事业费之征收办法及税则、税率，统须逐级呈报审查，由大行政区人民政府批准后，始得征收，并须转报中央人民政府财政部备案。中央直辖省（市）则须报经中央人民政府财政部批准后，始得征收。各省（市）及专员公署得根据所辖各县具体情况，对地方附加公粮，加以必要的和合理的调度和调剂。

国营企业的收入和折旧准备金提存，均归中央人民政府所有。其中贸易、银行、航运、工厂、矿山、铁路及邮电等企业收入，统由各该主管部门按期径交总金库转报中央人民政府财政部；其他国营企业，属中央人民政府各部直接管理者，由中央人民政府财政部催收；中央委托或分配给各大行政区、省（市）人民政府管理者，由各大行政区、省（市）人民政府财政经济委员会与财政部、厅、局催收。

清理仓库物资、战争缴获物资、没收汉奸战犯敌逆产、新解放城市接管之金银外钞及其他实物收入、公债收入、中央级的公产收入、中央级的司法公安机关没收之现金外钞及其他物资收入与各种中央级的规费收入等，均归中央人民政府所有，一律解缴金库。其不能入库物资，由各大行政区人民政府代为保管，报请中央人民政府财政部处理；现已接管者，由中央人民政府政务院组织仓库物资清理调配委员会清理调配之。

中央人民政府以下各级人民政府之公安司法机关没收之现金外钞及其他物资收入、地方之各种规费收入与公产收入，均按各级人民政府预算划归地方。

所有以上各项收入，不论属于各大行政区、省（市）上解任务或由中央委托经办者，各大行政区、省（市）人民政府，均须认真监督执行，定期检查，如发现任何机关任何部门有擅行提用、逾期抗缴、隐匿不缴或贪污中饱者，均应分别由中央人民政府财政部或各级地方政府财政部门缓拨、少拨、停拨其预算经费、扣留其资金存款或执行纪律制裁。

三、军费开支，包括国防建设、海陆空军费、生活费、粮食、服装、装具、兵工、药品、军需器材、运输作战等项，统由军事系统按月按季编造预算，逐级审查，由中央人民政府人民革命军事委员会总后勤部在全国财政收支概算军事部分范围内批准后，转请中央人民政府财政部按全国财政收支概算军事应支部分，加以核实后支拨之。

军事费之支拨除由中央人民政府财政部直接支拨者外，为便利部队供给，所有部队在各地区驻扎者，得由中央人民政府财政部按照批准的军事预算，授权各大行政区、各中央直辖省（市）人民政府财政经济委员会、财政部、厅、局根据中央人民政府财政部之指拨令，径向区及分金库与区及省（市）中央公粮库，依军事需要，分期提取，代为支付，其具体办法，由中央人民政府财政部另定之。

中央人民政府的行政费、外交费、财务费、公安费、政治事业费、中央直接管理之大中小学文教机关团体学校费、中央直属卫生事业费、社会事业费（包括优军、抚恤、救济等费）、经济建设费和国营企业投资（包括工业、贸易、银行、铁路、交通运输、农业、林业、水利建设投资等）等费用，均列入中央人民政府预算，由中央人民政府财政部掌管，按全国收支概算逐项审核开支。各大行政区、省（市）的公安队包括县区公安队在内的费用，区以上之行政经费，大行政区、省（市）之国营企业投资，经济建设费包括农林、水利、交通、治河等在内的费用，文化卫生事业及县立中学以上之教育事业费，大行政区、省（市）之社会事业包括优抚救济等在内的费用，均分别列入大行政区及省（市）预算内开支。专科以上的国立学校、全国性的文教机关，由中央人民政府委托各大行政区代行开支者，暂列入各大行政区预算内开支。

各大行政区各直辖省（市）的经费事业费粮款开支，均由划归地方财政税收中解决。划归地方之税收，如不敷各该级人民政府开支者，得另由中央人民政府财政部依据各该区及省（市）财政收支预算，就中央税收款中拨补之。

中央人民政府金库，及各级中央公粮库物资仓库，如无中央人民政府财政部之指拨令，一律拒绝支付粮款或其他实物，如不按规定动支中央公粮物资或中央税收者，以非法支用论处；持有指拨令的机关，得于规定时期内，向指定的金库、粮库或实物库支领。在支拨粮款时，各大行政区、省（市），必须严格遵守先中央后地方、先军费后政费、先前方后后方诸原则。为保证各地经费开支，不受物价上涨的影响，各地在支领现金后，得向所在地中国人民银行，无利折实存储，按旬提取。

四、统一财政必须严格执行预决算、审会计制度及严格的财政监察制度：核实人数，核实开支，节余缴公；无预算不拨款，无计算不审核预算，纠正以临时批拨代替审核的做法；并随时检查各收支部门，是否按照财政计划执行，及执行中有无错误。建立严格的支领手续及表报制度，定期结报，所有无机关负责人及会计签名之单据领条，应一律视为无效。

五、为了统一管理财政收支以克服国家财政困难，以上各项必须切实地予以实施。在实施以上各项办法后，各地可能发生一些困难，必须坚决地予以克服。但有某些困难在地方上不能克服者，则应据实报告中央人民政府，说明理由，以便中央人民政府加以必要与可能的补救。

12.财产强制保险条例

（1951年4月24日政务院财政经济委员会公布）

第一章　保险对象

第一条　凡国家机关、国营企业及县以上合作社（以下简称投保单位）所有下列财产，均应依照本条例之规定，向中国人民保险公司（以下简称保险公司）投保财产保险。

（一）建筑物及其装修。

（二）机器设备及其附件。

（三）器具、工具。

（四）制成品、半制成品、原料。

（五）食粮及其他农产品。

（六）交通运输工具。

（七）商品及其他一切物资。

本条例所称国家机关、国营企业，包括中央及县以上人民政府所属之一切机关及企业在内。各机关所属之生产机构，视同国营企业。

第二条　左列各项财产不在本保险范围以内：

（一）堤堰、水闸、运河、码头、铁路、公路、道路、桥梁、涵洞、飞机场跑道、土壤改良工程、上下水道、地下线路等。

（二）未经开采之矿产及未经伐倒或尚在漂送中之木材。

（三）未经收割之农产品。

（四）牲畜家禽及其他生物。

（五）货币及有价证券。

（六）图表、文件以及无法鉴定价值之物品。

（七）矿井矿坑之地下建筑设备及物资。

（八）本条例第三条所列各项灾害或事故不能予以损坏之物资。

（九）具有消耗性质之零星用具。

第二章　保险责任

第三条　所保财产因左列灾害或事故发生损失时，保险公司应在保险金额之限度内，负赔偿责任：

（一）由于火灾及延烧所致之损失。

（二）由于洪水、雷电、地震、地陷、崖崩所致之损失。

（三）由于爆炸所致之损失。

（四）由于匪盗抢劫所致之损失。

（五）由于防止前列各项灾害蔓延的必要措施所致之损失。

（六）由于施救抢救所致之损失。

此外，在发生本保险责任范围内之灾害或事故时，投保单位因施救抢救或保护所保财产所支出之合理费用以及按照保险公司建议所支出之费用，亦由保险公司负责偿还。

第四条　所保财产发生本保险责任范围内之灾害或事故，如系直接或间接由于战争或政府命令破坏所致者，保险公司不负赔偿责任，但属于第三条第五项之范围内者不在此限。

第五条　保险公司保险责任之起迄，均依下列规定办理之：

甲、固定财产之保险责任均自每年一月一日起开始，至当年十二月三十一日终止，但最初年度自承保之日开始。

乙、物资之保险责任均自承保之日开始，其每次保险期限不加限制，但以不超过当年十二月三十一日为限。

第三章　保险金额

第六条　投保财产之保险金额，一律以投保当时之实际价值为准，由投保单位分别自行估定，但保险公司认为必要时，得覆估之。

第四章　保险费

第七条　保险费率之订定与修改经由政务院财政经济委员会核定之。（附费率规章）①

第八条　投保单位应缴之保险费，得与保险公司约定一次缴付或按季、按月分期缴付，均应于左列规定之期限内，向指定地点之中国人民银行缴付之：

（一）一次缴付之保险费或分期缴付之第一期保险费，应于保险责任开始后十五日内缴付。

（二）分期缴付之保险费，应于每期（每季或每月）开始后十五日内缴付。

（三）凡依本条例第十二条之规定投保流动保险者，其每月保险费应于次月二十五日以前缴付。

第九条　凡未于规定期限内缴付保险费时，每延迟一日应加付滞纳金2‰。

第十条　所保财产如有减保或退保必要时，保险公司应于收到投保单位书面通知后十五日内，按照已保及未到期日数，比例退还应退之保险费。

第五章　保险手续

第十一条　投保单位应将其应行投保之财产，于本条例公布施行之日起，在不迟于三个月之期限内，填具定式投保单，送交或寄交财产所在地或其附近之保险公司，以便签发保险凭证。

固定财产保险应于每年十二月十五日以前办理续保手续，物资保险应于到期前办理之。

第十二条　投保单位对于进出频繁之大量仓库储存或收购运销物资，得投保流动保险。并应逐月于十日以前填制前一个月之平均

① 编者注：附费率规章略。

保险金额表或逐日保险金额变动表，送交或寄交保险公司审核计算保险费。

第十三条　所保财产如遇增减数量或价值变动，投保单位应即办理加保或减保手续。

第十四条　所保财产如有变动、迁移等情事，投保单位应随时以书面通知保险公司，以便签发批改凭证予以证明。

第六章　投保单位之义务

第十五条　投保单位应保持财产之正常状态，遵守各种消防及防灾条例，并接受保险公司之防灾检查与建议，积极改善防灾设备，以预防所保财产之损失。

第十六条　所保财产发生灾害或事故时，投保单位应尽力采取一切方法施救、抢救及保护被灾财产，以免继续或加重受损。

第七章　赔款处理

第十七条　投保单位于发生本保险责任范围内之灾害或事故后，应立即或至迟不超过五天之期限内，以书面通知签发保险凭证之保险公司，述明保险凭证号码、失事时日、原因、损失情形及损失程度。

第十八条　保险公司于接获发生灾害或事故之通知后，应即办理查勘手续，并会同投保单位估定损失之数额。

第十九条　投保单位于灾害或事故发生后，除因公安或限制损失加重外，非经保险公司同意，不得对于失事地点之现状，加以变更。

第二十条　投保单位申请赔偿时，应提供下列各项证件：

（一）确定灾害或事故发生属于保险责任范围之证明。

（二）损失清单及各种有关费用之单据。

（三）保险凭证及缴付保险费之凭证。

第二十一条　保险公司对于一切赔偿，应于收到第二十条所列各项证件后十五日内核定应否赔偿或赔偿数额，并于达成协议或经当地政府裁决之日起五日内实行赔付，逾期时每延迟一日，应加付滞赔金千分之二。

第二十二条 所保财产全部损失时，赔款应按保险金额十足赔偿，如系部分损失，应按损失程度比例赔偿之。

所保财产遭受损失后之损余，应按当地市价折归投保单位，保险公司应于赔款中将此项损余之价值扣除。

第八章 争执与裁决

第二十三条 对于估价、赔款及损余作价发生争执时，得请求当地政府裁决，不能解决时得再请求上级政府及各上级主管机关复裁之。赔款数额经当地政府裁决后，保险公司应即先按照裁决数额，赔付投保单位，俟复裁决定时，再行核算清结。

第九章 附 则

第二十四条 本条例经政务院财政经济委员会核定后公布施行，修改时亦同。

第二十五条 本条例自公布之日起施行。

13. 船舶强制保险条例

（1951年4月24日政务院财政经济委员会公布）

第一章　保险对象

第一条　凡国家机关、国营企业及县以上合作社（以下简称投保单位），所有之左列各项船舶（包括船壳、机器、锅炉、装备及属具，以下简称船舶），均应依照本条例之规定，向中国人民保险公司（以下简称保险公司）投保船舶保险。

（一）铁壳、钢壳或木壳轮船。

（二）机帆船。

（三）铁壳驳船。

（四）木船、木驳。

（五）其他船舶。

本条例所称国家机关、国营企业，包括中央及县以上人民政府所属之一切机关及企业在内。各机关所属之生产机构，视同国营企业。

第二章　保险责任

第二条　保险公司对于所保船舶负左列保险责任。

（一）船身险　因左列原因所致之完全灭失或推定完全灭失以及局部损失，保险公司在保险金额之限度内，负赔偿责任：

甲、触礁、搁浅、沉没、倾覆、碰撞、飓风及其他水上灾害。

乙、火灾、雷电及爆炸。

丙、失踪。

（二）救护费　在发生本保险责任范围内之灾害或事故时，因施救或保护所保船舶所支出之合理费用，由保险公司负担之。

（三）交涉或诉讼费　因本保险责任范围内之灾害或事故而发生交涉或诉讼时，投保单位所支出之合理费用，由保险公司负担之。

第三条　所保船舶如为轮船或机帆船时，则本保险兼保左列责任：

（一）碰撞责任　因所保轮船或机帆船与其他船舶碰撞致使他方之船舶或货物遭受损失，依法应由投保单位负赔偿责任时，保险公司应负赔偿之责；但人身之死伤，码头及港口设备之损害，或本船货物之损失，不在本责任范围内。保险公司对每次碰撞赔偿之数额，以不超过保险金额为限。

（二）共同海损　投保单位对于共同海损之摊负，保险公司应负赔偿之责。

第四条　倘投保单位要求加保第二条及第三条规定以外之责任，得依自愿方式另行办理之。

第五条　所保船舶发生本保险责任范围内之灾害或事故，如系直接或间接由于战争、海盗及镇压海盗所致者，保险公司不负赔偿之责，但依自愿方式加保兵险者，不在此限。

第六条　保险公司之保险责任，除最初年度自承保之日起开始外，每年均自一月一日起开始，至当年十二月三十一日终止。

第三章　保险金额与保险费

第七条　各种船舶之保险金额，一律以投保当时之实际价值为准，由投保单位自行估定，但保险公司认为必要时得覆估之。

第八条　保险费率之订定与修改经由政务院财政经济委员会核定之。（附费率表）[①]

第九条　投保单位应缴之保险费，得与保险公司约定一次缴付，或按季、按月分期缴付，均应于左列规定之期限内，向指定地点之

① 编者注：附费率表略。

中国人民银行缴付之：

（一）一次缴付之保险费或分期缴付之第一期保险费，应于保险责任开始后十五日内缴付。

（二）分期缴付之保险费，应于每期（每季或每月）开始后十五日内缴付。

第十条 凡未于规定期限内缴付保险费时，每延迟一日应加付滞纳金2‰。

第十一条 遇有左列情事之一时，保险公司应于收到投保单位书面通知后之十五日内，退还应退之保险费：

（一）所保船舶由于本保险责任范围以外之灾害、事故或其他原因而须退保者，按照已保及未到期日数，比例退还应退之保险费。

（二）所保船舶入坞修理或临时停航连续在十五天以上者，按照日数比例退还保险费之三分之二。

第四章 保险手续

第十二条 投保单位应将其应行投保之船舶，于本条例公布施行之日起，在不迟于三个月之期限内，填具定式投保单，送交当地或寄交附近之保险公司。以便签发保险凭证。

投保单位应于每年十二月十五日以前办理续保一次，其手续与前项同。

第十三条 凡新造或新购之船舶，应自开始使用之日起于三十日内办理投保手续。

第十四条 所保船舶如遇价值变动，投保单位应即办理加保或减保手续。

第十五条 保险公司对于所保船舶，得随时会同航政机关加以检验，如有不合标准之处，投保单位应按照保险公司之建议予以改正。

第五章 投保单位之义务

第十六条 投保单位应保持船舶之正常状态，遵守各种航政规章及防灾条例，并接受保险公司之防灾检查与建议，积极改善防灾设备，以预防所保船舶之损失。

第十七条 所保船舶发生灾害或事故时，投保单位应尽力采取一切方法施救、抢救及保护失事船舶，以免继续或加重受损。

第六章 赔款处理

第十八条 投保单位于发生本保险责任范围内之灾害或事故后，应立即或至迟在不超过五天之期限内，先以电话或电报通知最近之保险公司，述明遇险时日、地点、原因、损失情形及损失程度，然后再以书面正式通知。

第十九条 保险公司接获发生灾害或事故之通知后，应即办理查勘手续，并会同投保单位估定损失之数额。

第二十条 投保单位申请赔偿时，应提供左列各项证件：

（一）确定灾害或事故发生属于保险责任范围之证明。

（二）损失清单及各种有关费用之单据。

（三）保险凭证及缴付保险费之凭证。

第二十一条 如损失应由第三者负责时，保险公司仍应按照本条例之规定负赔偿责任。但投保单位应授权并协助保险公司代位行使向第三者要求赔偿之权。

第二十二条 保险公司对于一切赔偿，应于收到第二十条所列各项证件后十五日内核定是否赔偿或赔偿数额，并于达成协议或经当地政府裁决之日起五天内实行赔付，逾期时每延迟一天，应加付滞赔金2‰。

第七章 争执与裁决

第二十三条 对于估价、赔款发生争执时，得请求当地政府裁决，不能解决时，得再请求上级政府及各上级主管机关复裁之。赔款数额经当地政府裁决后，保险公司应即先按照裁决数额，赔付投保单位，俟复裁决定时，再行核算清结。

第八章　附　则

第二十四条　本条例经政务院财政经济委员会核定后公布施行，修改时亦同。

第二十五条　本条例自公布之日起施行。

14. 铁路车辆强制保险条例

（1951年4月24日政务院财政经济委员会公布）

第一章　保险对象

第一条　凡铁道部及各国营厂矿专用铁路（以下简称投保单位）所有在铁路上使用之一切车辆（包括机车、客车、货车及其他车辆，以下简称车辆），均应依照本条例之规定，向中国人民保险公司（以下简称保险公司）投保铁路车辆保险。但死机、死车及制造中之车辆，应依照财产强制保险条例办理，不在本保险范围之内。

第二章　保险责任

第二条　保险公司对于所保车辆，负左列保险责任：

（一）车辆险　凡所保车辆因出轨、颠覆、碰撞、失火、雷电、爆炸、飓风、冰雹、洪水所致之损失，保险公司应在保险金额之限度内负赔偿责任。

（二）第三者责任险　所保车辆或列车因发生碰撞或爆炸致使第三者之生命、财产遭受伤亡或损失，依法应由投保单位负赔偿责任时，保险公司应负赔偿之责；但铁路旅客及投保单位员工之死伤或本车货物行李等财产之损失，不在本责任范围之内。保险公司对每次之赔偿数额，以不超过该车辆或列车之保险金额为限。

（三）救护费　在发生本保险责任范围内之灾害或事故时，因施救或保护所保车辆支出之合理费用，由保险公司负担之。

（四）交涉或诉讼费　因本保险责任范围内之灾害或事故而发生交涉或诉讼时，投保单位所支出之合理费用，由保险公司负担之。

第三条 所保车辆发生第二条之灾害或事故，如系直接或间接由于战争所致者，保险公司不负赔偿之责。

第四条 保险公司之保险责任，除最初年度自承保之日起开始外，每年均自一月一日起开始，至当年十二月三十一日终止。

第三章 保险金额与保险费

第五条 各种车辆之保险金额，一律以投保当时之实际价值为准，由投保单位自行估定，但保险公司认为必要时，得覆估之。

第六条 保险费率之订定与修改，经由政务院财政经济委员会核定之。（附费率表）①

第七条 投保单位应缴之保险费，得与保险公司约定一次缴付或按季、按月分期缴付，均应于左列规定之期限内，向指定地点之中国人民银行缴付之：

（一）一次缴付之保险费或分期缴付之第一期保险费，应于保险责任开始后十五日内缴付。

（二）分期缴付之保险费，应于每期（每季或每月）开始后十五日内缴付。

第八条 凡未于规定期限内缴付保险费时，每延迟一日，应加付滞纳金2‰。

第九条 遇有左列情事之一时，保险公司应于收到投保单位书面通知后之十五日内，退还应退之保险费：

（一）所保车辆由于本保险责任范围以外之灾害、事故或其他原因而须退保者，按照已保及未到期日数，比例退还应退之保险费。

（二）所保车辆封存不用或入厂修理连续在三十天以上者，按照日数比例退还保险费之半数。

---

① 编者注：附费率表略。

第四章　保险手续

第十条　投保单位应将其应行投保之车辆，于本条例公布施行之日起，在不迟于三个月之期限内，填具定式投保单，送交当地或寄交附近之保险公司，以便签发保险凭证。

投保单位应于每年十二月十五日以前办理续保一次，其手续与前项同。

第十一条　凡新造或新购之车辆，应自开始使用之日起于三十日内办理投保手续。

第十二条　所保车辆如遇价值变动，投保单位应即办理加保或减保手续。

第五章　投保单位之义务

第十三条　投保单位应保持车辆之正常状态，遵守各种铁路规章及防灾条例，并接受保险公司之防灾检查与建议，积极改善防灾设备，以预防所保车辆之损失。

第十四条　所保车辆发生灾害或事故时，投保单位应尽力采取一切方法施救、抢救及保护失事车辆，以免继续或加重受损。

第六章　赔款处理

第十五条　投保单位于发生本保险责任范围内之灾害或事故后，应立即或至迟在不超过五天之期限内，先以电话或电报通知最近之保险公司，述明失事时日、地点、原因、损失情形及损失程度，然后再以书面正式通知。

第十六条　保险公司接获发生灾害或事故之通知后，应即办理查勘手续，并会同投保单位估定损失之数额。

第十七条　投保单位申请赔偿时，应提供左列各项证件：

（一）确定灾害或事故发生属于保险责任范围之证明。

（二）损失清单及各种有关费用之单据。

（三）保险凭证及缴付保险费之凭证。

第十八条 保险公司对于一切赔偿，应于收到第十七条所列各项证件后十五日内核定是否赔偿或赔偿数额，并于达成协议或经当地政府裁决之日起五天内实行赔付，逾期时每延迟一天应加付滞赔金千分之二。

第十九条 所保车辆遭受损失后之损余，应按损余价值折归投保单位，保险公司应于赔款中将此项损余价值扣除。

第七章 争执与裁决

第二十条 对于估价、赔款或损余作价发生争执时，得请求当地政府裁决，不能解决时，得再请求上级政府及各上级主管机关复裁之。赔款数额经当地政府裁决后，保险公司应即先按照裁决数额，赔付投保单位，俟复裁决定时，再行核算清结。

第八章 附 则

第二十一条 本条例经政务院财政经济委员会核定后公布施行，修改时亦同。

第二十二条 本条例自公布之日起施行。

15.轮船旅客意外伤害强制保险条例

（1951年4月24日政务院财政经济委员会公布）

第一章　保险对象及保险手续

第一条　凡持票搭乘国营、公私合营或私营轮船公司所有轮船之旅客，均应依照本条例之规定，向中国人民保险公司（以下简称保险公司）投保轮船旅客意外伤害保险，其手续由轮船公司办理，不另签发保险凭证。

第二章　保险期限

第二条　保险有效期间，规定自旅客持票离岸上船时开始，至到达旅程终点下船着陆时为止，包括搭乘轮船公司免费接送旅客之其他船舶在内。

第三条　旅客所乘之轮船，在中途因故停航或改乘轮船公司指定之其他轮船者，在中途停航及继续旅程中，保险仍属有效。

第四条　旅客在旅程中途自行离船不再随同原船航行者，其保险于下船着陆时起即告失效，但经轮船公司签字证明原票有效者，在重行离岸上船时起，保险效力即行恢复。

第三章　保险金额及保险费

第五条　旅客之保险金额，不论舱位等次、全票、半票、免票，一律规定为每人人民币一千五百万元。

第六条　旅客之保险费，包括于票价之内，一律按基本票价百分之三收费，由轮船公司核算代收汇缴保险公司。

第四章　保险范围

第七条　旅客在保险有效期间内，由于遭受外来、剧烈及明显之意外事故（包括战争所致者在内），受有伤害须治疗者，由保险公司按实际情况给付医疗津贴，其数额以不超过保险金额之全数为限。

第八条　旅客遭受意外事故受有伤害，以致死亡、残废或丧失身体机能者，除依照第七条之规定给付医疗津贴外，另由保险公司依照下列规定给付保险金：

甲、死亡者，给付保险金额全数。

乙、双目永久完全失明者，两肢永久完全残废者，或一目永久完全失明与一肢永久完全残废者，给付保险金额全数。

丙、完全丧失身体机能永久不能继续工作者，给付保险金额全数。

丁、一目永久完全失明者或一肢永久完全残废者，给付保险金额半数。

戊、丧失一部分身体机能永久不能复原影响工作能力者，视其丧失机能之程度，酌给一部分保险金。

第九条　旅客在一次旅程中，遭受意外事故，构成第八条所列一项以上之情事时，其保险金给付，以不超过保险金额之全数为限。

第十条　本条例所列之保险金额连同医疗津贴，系属法定给付之最高责任，如遇意外事故发生，旅客或其家属不得再向轮船公司要求任何额外给付。

第五章　除外责任

第十一条　遇有下列情事之一者，保险公司不负给付保险金或医疗津贴之责：

甲、疾病、自杀、殴斗或犯罪行为而致死亡或伤害者。

乙、失踪者（但因船只失事或意外事故而致失踪者，不在此限）。

丙、有诈欺行为意图骗领保险金或医疗津贴者。

第六章　医疗津贴及保险金之给付

第十二条　旅客遭受意外事故须予治疗者，应由轮船公司会同出事地点之当地政府或有关机关，按照当时实际情况代理保险公司负责处理，其医疗津贴由保险公司或其特约代理处根据指定医院或医师之证明确定后，依照第七条之规定给付之。

第十三条　旅客遭受意外事故以致残废或丧失身体机能者，应由其本人或其指定代理人取具指定医院或医师及轮船公司之证明文件，由保险公司或其特约代理处根据此项证明，确定应给保险金数额。

第十四条　旅客遭受意外事故以致死亡者，应由其配偶、子女、父母或完全依赖该旅客供养者，取具轮船公司之证明文件，必要时并须取具居住地政府之户籍证明，向保险公司或其特约代理处申请给付保险金，如遇领款人发生争执时，应按照上列顺序决定之。

第十五条　申请领取保险金，须自意外事故发生之日起1年内办理之，逾期丧失申请之权利。

第十六条　保险金之给付，应由保险公司或其特约代理处自接到申请之日起，于十五日内办理之。

第七章　附　则

第十七条　本条例经政务院财政经济委员会核定后发布施行，修改时亦同。

第十八条　本条例自发布之日起二个月内施行之。

16. 铁路旅客意外伤害强制保险条例

（1951年4月24日政务院财政经济委员会公布）

第一章　保险对象及保险手续

第一条　凡持票搭乘国营、或专用铁路火车之旅客，均应依照本条例之规定，向中国人民保险公司（以下简称保险公司）投保铁路旅客意外伤害保险，其手续由铁路管理局办理，不另签发保险凭证。

第二章　保险期限

第二条　保险有效期间，规定自旅客持票进站加剪后开始，至到达旅程终点缴销车票出站时为止，如需搭乘路局免费接送旅客之其他交通工具时，则搭乘该项交通工具期间亦包括在内。

第三条　旅客所乘之火车，在中途因故停驶或改乘路局指定之其他班车者，在中途停留及继续旅程中，保险仍属有效。

第四条　旅客在旅程中途自行离站不再随同原车旅行者，其保险于离站时起即告失效，但经站长签字证明原票有效者，在重行进站后，保险效力即恢复。

第三章　保险金额及保险费

第五条　旅客之保险金额，不论席座等次、全票、半票、免票，一律规定为每人人民币1500万元。

第六条　旅客之保险费，包括于票价之内，一律按基本票价百分之二收费，由路局核算代收汇缴保险公司。

第四章　保险范围

第七条　旅客在保险有效期间内，由于遭受外来、剧烈及明显之意外事故（包括战争所致者在内），受有伤害须治疗者，由保险公司按实际情况给付医疗津贴，其数额以不超过保险金额之全数为限。

第八条　旅客遭受意外事故受有伤害，以致死亡、残废或丧失身体机能者，除依照第七条之规定给付医疗津贴外，另由保险公司依照下列规定给付保险金：

甲、死亡者，给付保险金额全数。

乙、双目永久完全失明者，两肢永久完全残废者，或一目永久完全失明与一肢永久完全残废者，给付保险金额全数。

丙、完全丧失身体机能永久不能继续工作者，给付保险金额全数。

丁、一目永久完全失明者或一肢永久完全残废者，给付保险金额半数。

戊、丧失一部分身体机能永久不能复原影响工作能力者，视其丧失机能之程度，酌给一部分保险金。

第九条　旅客在一次旅程中，遭受意外事故，构成第八条所列一项以上之情事时，其保险金给付，以不超过保险金额之全数为限。

第十条　本条例所列之保险金额连同医疗津贴，系属法定给付之最高责任，如遇意外事故发生，旅客或其家属不得再向铁路管理局要求任何额外给付。

第五章　除外责任

第十一条　遇有下列情事之一者，保险公司不负给付保险金或医疗津贴之责：

甲、疾病、自杀、殴斗或犯罪行为而致死亡或伤害者。

乙、失踪者（但因车辆失事或意外事故而致失踪者，不在此限）。

丙、因无票爬跳车而致死亡或伤害者。

丁、有诈欺行为意图骗领保险金或医疗津贴者。

第六章　医疗津贴及保险金之给付

第十二条　旅客遭受意外事故须予治疗者，在有铁路医院地区，应由铁路医院代理保险公司负责处理，无铁路医院地区，应由路局会同出事地点之当地政府或有关机关，按照当时实际情况代为负责处理，其医疗津贴由保险公司或其特约代理处根据铁路医院或其他指定医院、医师之证明确定后，依照第七条之规定给付之。

第十三条　旅客遭受意外事故以致残废或丧失身体机能者，应由其本人或其指定代理人取具铁路医院或其他指定医院、医师及铁路管理局之证明文件，由保险公司或其特约代理处根据此项证明，确定应给保险金数额。

第十四条　旅客遭受意外事故以致死亡者，应由其配偶、子女、父母或完全依赖该旅客供养者，取具铁路管理局之证明文件，必要时并须取具居住地政府之户籍证明，向保险公司或其特约代理处申请给付保险金，如遇领款人发生争执时，应按照上列顺序决定之。

第十五条　申请领取保险金，须自意外事故发生之日起一年内办理之，逾期丧失申请之权利。

第十六条　保险金之给付，应由保险公司或其特约代理处自接到申请之日起，于十五日内办理之。

第七章　附　则

第十七条　本条例经政务院财政经济委员会核定后发布施行，修改时亦同。

第十八条　本条例自发布之日起二个月内施行之。

17. 飞机旅客意外伤害强制保险条例

（1951年4月24日政务院财政经济委员会公布）

第一章　保险对象及保险手续

第一条　凡在中华人民共和国境内持票搭乘飞机之旅客，均应依照本条例之规定，向中国人民保险公司（以下简称保险公司）投保飞机旅客意外伤害保险，其手续由航空公司办理，不另签发保险凭证。

第二章　保险期限

第二条　保险有效期间，规定自旅客持票进入机场后开始，至到达旅程终点离开机场时为止，如需搭乘航空公司免费接送旅客之其他交通工具时，则搭乘该项交通工具期间亦包括在内。

第三条　旅客所乘之飞机，在中途因故停飞或改乘航空公司指定之其他飞机者，在途中停飞及继续旅程中，保险仍属有效。

第四条　旅客在旅程中途自行离机不再随同原机飞行者，其保险于离开机场时起即告失效，但经站长签字证明原票有效者，在重行进入机场后，保险效力即行恢复。

第三章　保险金额及保险费

第五条　旅客之保险金额，不论全票、半票、免票，一律规定为每人人民币一千五百万元。

第六条　旅客之保险费，包括于票价之内，一律按基本票价千分之五收费，由航空公司核算代收汇缴保险公司。

第四章　保险范围

第七条　旅客在保险有效期间内，由于遭受外来、剧烈及明显之意外事故（包括战争所致者在内），受有伤害须治疗者，由保险公司按实际情况给付医疗津贴，其数额以不超过保险金额之全数为限。

第八条　旅客遭受意外事故受有伤害，以致死亡、残废、丧失身体机能或失踪者，除依照第七条之规定给付医疗津贴外，另由保险公司依照下列规定给付保险金：

甲、死亡者，给付保险金额全数。

乙、双目永久完全失明者，两肢永久完全残废者、或一目永久完全失明与一肢永久完全残废者，给付保险金额全数。

丙、完全丧失身体机能永久不能续续工作者，给付保险金额全数。

丁、一目永久完全失明者或一肢永久完全残废者，给付保险金额半数。

戊、丧失一部分身体机能永久不能复原影响工作能力者，视其丧失机能之程度，酌给一部分保险金。

已、因飞机失踪，满三个月下落不明者，给付保险金额全数。

第九条　旅客在一次旅程中，遭受意外事故，构成第八条所列一项以上之情事时，其保险金给付，以不超过保险金额之全数为限。

第十条　本条例所列之保险金额连同医疗津贴，系属法定给付之最高责任，如遇意外事故发生，旅客或其家属不得再向航空公司要求任何额外给付。

第五章　除外责任

第十一条　遇有下列情事之一者，保险公司不负给付保险金或医疗津贴之责：

甲、疾病、自杀、殴斗或犯罪行为而致死亡或伤害者。

乙、有诈欺行为意图骗领保险金或医疗津贴者。

第六章　医疗津贴及保险金之给付

第十二条　旅客遭受意外事故须予治疗者，应由航空公司会同出事地点之当地政府或有关机关，按照当时实际情况代理保险公司负责处理，其医疗津贴由保险公司或特约代理处根据指定医院或医师之证明确定后，依照第七条之规定给付之。

第十三条　旅客遭受意外事故以致残废或丧失身体机能者，应由其本人或其指定代理人取具指定医院或医师及航空公司之证明文件，由保险公司或其特约代理处根据此项证明，确定应给保险金数额。

第十四条　旅客遭受意外事故以致死亡者，应由其配偶、子女、父母或完全依赖该旅客供养者，取具航空公司之证明文件，必要时并须取具居住地政府之户籍证明，向保险公司或其特约代理处申请给付保险金，如遇领款人发生争执时，应按照上列顺序决定之。

第十五条　申请领取保险金，须自意外事故发生之日起一年内办理之，逾期丧失申请之权利。

第十六条　保险金之给付，应由保险公司或其特约代理处自接到申请之日起，于十五日内办理之。

第七章　附　则

第十七条　本条例经政务院财政经济委员会核定后发布施行，修改时亦同。

第十八条　本条例自发布之日起二个月内施行之。

18. 政务院关于划分中央与地方在财政经济工作上管理职权的决定

（1951年5月4日政务院第八十三次政务会议通过
1951年5月24日公布）

自一九五零年三月三日政务院颁发“关于统一国家财政经济工作的决定”之后，一年余以来，由于全国各地方政府对这一决定一致严格执行，由于调整了工商业和税收以及全国人民热烈拥护的结果，在国家的财政经济工作上已经有了巨大的进步。事实证明：去年统一财政经济工作的措施，是完全必要和正确的。但是我国是一个地广人众、交通尚不很发达的国家，而且目前仍处在人民革命大变革的时期，中央人民政府财政经济各部门，必须集中力量于全国财政经济工作的方针、政策、计划的掌握和主要工作的领导。因此，现在完全有必要，而且已有可能，在继续保证国家财政经济工作统一领导、计划和管理的原则下，把财政经济工作中一部分适宜于由地方政府管理的职权交给地方政府。这是既利于地方政府的因地制宜，又利于国家财政经济工作的统一领导的方针。为此，特作如下的决定：

一、根据已经实行的财政三级制、中央工业和地方工业划分的精神，中央各财政经济部门，应依本决定的原则，按本部门业务在管理上必须集中和应该分散的不同情况，逐渐地适当地在各该系统内划分中央与地方的管理职责，规定具体办法，报经政务院财政经济委员会核准后，通告各地执行。

二、中央财政经济各部、署、行，召开重要的专业会议之前，必须将准备在会议中作出决定的重要事项，先期通知各大行政区人民政府（军政委员会）并征求他们的意见，各大行政区人民政府（军政委员会）对于重要专业会议预告的重要事项，应予慎重研究，及时提出意见。专业会议所作的决议，一般须通知各大行政区人民政府（军政委员会）。大行政区人民政府（军政委员会）有不同意见时，须及时提请政务院审核。

三、凡属散在各地，但由中央各部、署、行直接管理的企业单位，各大行政区人民政府（军政委员会）均需指定相当的地方当局，加以监督、指导、协助。以保证国家统一的政策、方针、计划、重要制度的贯彻实行。这些企业中的一切政治工作，均归大行政区人民政府（军政委员会）指定的地方当局领导。所有这些企业的领导人员，均须按期向相当的地方当局作业务和工作报告。但军事工业则只向中央指定的地方当局作该项报告。凡属中央委托地方代管的企业和若干地方自管的重要企业，地方当局均应向有关的中央部门作必要的业务与工作报告。并在业务方针和技术上服从后者的指导。地方经营的重要企业的生产计划与基本建设计划，则应经有关的中央部门及政务院财政经济委员会批准。

四、一年来，由中央各部门直接管理的企业中的工作人员，绝大多数是尊重地方当局领导的。但也有少数人员片面强调其业务的独立性，而不服从或不尊重地方领导，这种情况对于工作是很有害的，是错误的。必须认识，我们每个财政经济工作人员个人的能力是有限的，虽然他们在过去财政经济工作获得进步上有一定的成绩，但其中最主要的原因，除由于中央的正确领导外，是由于全国各级政府的一致努力，全国人民的热烈拥护，没有这种伟大的集体的力量，工作的进步是不可能的。必须认识，国家的财政经济工作是非常复杂而艰巨的，是有关国家和全体人民切身利害的重要工作。而财政经济工作人员的经验还是很少的，只有取得全国各级政府与全体人民的监督、指导、协助，才能减少工作中的困难，加速工作的进步。因此，一切散在各地的由中央各部门直接管理的企业中的工作人员，必须服从地方当局的监督、指导，并取得他们的协助，不得闹独立性。

五、在财政经济工作上划分了中央与地方管理职权之后，地方当局对于职责以内的管理工作，必须采取谨慎负责和照顾全局的态度。因为国家财政经济工作的许多措施是必须从整体观念和长远利益出发的，一地一时的利益，必须服从全局和长远的利益。因此，地方当局对于中央各部所决定的企业业务方针、计划和重要制度，除其中确有必须改变之处，并经中央主管部门批准改变者外，必须保证全部业务方针、计划和重要制度的执行。各地方当局应将对于所在地的属于中央直接管理的企业单位，在政治工作上的领导和业务上的监督、指导、协助，定为自己经常和固定的责任。

19.政务院关于一九五一年度财政收支系统划分的决定

（1951年3月29日）

（一）为巩固财政工作的统一管理与统一领导，并适应各区经济状况及工作条件做到因地制宜起见，决定自一九五一年度起，国家财政的收支系统，采取统一领导分级负责的方针。实行下列三级制：（甲）中央级财政；（乙）大行政区级财政；（丙）省（市）财政。专署及县（市）的财政，列入省财政内。县（市）所属的乡村财政，单独编造预算，不列入省财政预算内。

中央级财政称中央财政，大行政区级以下财政，均称地方财政。

（二）各级财政收支系统，依下列原则划分之：

地方财政收支：由中央人民政府财政部就指定的收入及核准的各区预算，划分一部分为大行政区的收支；大行政区根据中央划分之收支，按所属各省（市）具体情况，划分为大行政区级与省（市）的财政收支，并报政务院财政经济委员会备案。

中央直属省（市）的财政收支，由中央人民政府财政部划分，报请政务院财政经济委员会核准施行。

（三）各级财政之岁出，暂依现行管理情况，划分如下：

国防费支出：包括陆、海、空军经常费，国防建设费，作战费，军工生产费，作战支前费，均列入中央预算。

人民经济建设投资及事业费支出：国营企业投资、经济建设事业费，暂依一九五零年度管理情况划分，原属于中央投资经营者，其投资或事业费列入中央预算；属于各级地方投资经营者，其投资或事业费，列入各级地方预算；中央投资委托地方代管者，列入中央预算，地方只负管理、监督、代领转发或核销之责。其划分办法另行规定。

社会文化教育事业费支出：（甲）教育费：列入中央预算者，为中央直属的大学专科以上学校、各高级科学研究所、中小学及民族学院或分院。列入大行政区预算者，为大行政区直属的大学专科以上学校、中小学及民族学院或分院。列入省（市）预算者，为省（市）直属的独立学院、专科学校、完全师范、中小学。以上各项支出，均依直接领导关系，分列各级预算。各级干部训练经费，社会教育支出，按管理情况，分列中央、大行政区、省（市）预算。一般小学简师，由地方附加开支。（乙）文化事业费：中央广播台及地方收发国际新闻报道之广播台，新华社各级组织，国营电影制片厂，电影经理公司，新华书店及中央直接经管的文化机构、出版社、报馆、剧院等，列入中央预算。各地之区、省（市）际广播电台，地方性报纸、出版社和书店及区、省（市）剧院、文工团、宣传队和纪念建筑等，均按管理系统，分列大行政区、省（市）预算。（丙）卫生事业费：医药公司及新接收的教会医院和教会学校之经费，暂列中央预算。各级医院、医疗队、防疫队、疗养院，均按各级管理系统，分列中央、大行政区、省（市）预算。县立医院，由地方附加开支，如有不足，由省预算补助。去年由部队交地方接收之伤病员费用暂列入中央预算，由大行政区代领代发。今后无政务院或政务院财政经济委员会正式命令，不再接收。如地方医院自行收容部队之伤病人员，则由地方迳向部队领取经费，不得列入预算。（丁）社会事业费：残废军人抚恤费，按管理系统，分列中央及大行政区预算，省（市）可以代领转发。失业工人救济费，范围较大的灾荒救济费，列中央预算。一般灾荒救济费及孤儿院等社会救济开支，参战、剿匪伤亡民兵抚恤，政权干部老弱残废退休人员生产补助，移民开支，由地方捐募及原救济基金开支，如有不足，按大行政区、省（市）预算，分别予以补助。优待烈军工家属开支，由群众互助解决，如有不足部分，由地方附加内开支。

行政管理费支出：中央级行政经费，外交费，业务费，财务费，均列中央预算，但为照顾各地粮食调运及税务稽征的具体情况，得划出一部分给大行政区或省（市）掌握，以便即时解决粮食调运及税票印制的开支。各级公安团队的经费和特费，司法费、司法业务费和囚犯粮，各级粮食局、盐务局和税务局的经费，供给制干部家属补助费，一般印刷财务费（包括征收费），政治业务费，均按管理系统，分别列入中央、大行政区或省（市）预算。土地改革经费，列入大行政区预算。

党派团体补助费，包括各级党委、群众团体及文化团体活动费之补助开支，按其组织系统或管理系统，分别列入中央级、大行政区级或省（市）预算。

内外债还本付息，财政积压物资，由中央统一编列预算。

其他支出，按照管理系统，分别列入各级预算。

（四）各级财政之岁入，应按其收入情况，并参照国家岁出预算的分配，照顾各项支出的轻重缓急与其经常性、季节性的特点，依下列原则划分之：

农业税，关税，盐税，中央直接经营与管理的国家企业收入，清仓收入，中央级行政司法规费收入（包括土地所有证费收入），内外债款收入，国家银行收入及其他收入，均列为中央收入。

货物税，工商业税（包括营业税、所得税、临时商业税、摊贩业税），印花税，交易税，存款利息所得税，烟酒专卖利润收入等，列为中央和地方的比例解留收入，解留比例另订之。

屠宰税，契税，房地产税，特种消费行为税，使用牌照税，大行政区以下经营的国营企业收入，地方行政司法规费及其他收入，均划为大行政区或省（市）的收入。

上年预算结余应分别列为各级财政收入，编入本年预算。决算后上年实际结余，超过预算编列数者，其超过部分，由中央核定，酌留一部归地方，如不及预算编列数者，其不足部分，由中央补助。

以上各级财政岁入之划分，较各级岁出预算，如有超过或不足者，得按其岁出预算，加以调节增减。

（五）各级财政解留之税收，依每日收入的入库数字，由金库按照规定成数，分别列收中央金库账或地方金库账。

（六）农业税收入超过任务者，其超过部分，得留百分之五十给地方。

（七）划归或比例留解的各项税收，除农业税由粮食局统一拨给外，其他则按照规定，分别解交中央金库或地方金库。凡属中央税款，统由中央人民政府财政部支拨，地方不得动用。地方税款，则由地方支拨。

（八）各级人民政府对于各项收入，均须按照规定。保证任务完成。并须依法征收，不得任意增减。未经中央核准，不得随便增加税目。各级征收机关所有收入，必须依照金库条例之规定解库，逐级上报。各级人民政府的一切支出，均须依照预算规定执行，不得自行变更。

20. 关于进一步整理城市地方财政的决定

（1951年3月31日政务院批准　同日政务院公布）

一、城市地方某些必需的开支，应当予以保证，但因国家财力有限，不可能补助地方，必须争取自给。平衡城市地方财政收支的原则，应当是根据当地必须举办的事业与人民负担能力，努力组织收入，保证必要支出，反对铺张浪费。

二、国家财政分级管理之后，市已成为一级财政。除应从整理税收、附加、规费中增加市的收入外，并须逐步发展市营企业，来奠定市财政收入的可靠基础。关于市财政收入范围，暂行规定如下：

（1）各种税收：房地产税，契税，使用牌照税，屠宰税，特种消费行为税，一般均划为市财政收入。中央人民政府财政部或大行政区人民政府（军政委员会）在核定其全年预算时，收支有余者应上解，不足之数，再从其他税收内按比例留解。

（2）市营企业收入：各种中型或小型的轻工业，建筑工程，农场，公用事业方面的电气（已属于大电网者在外）、电车、公共汽车、自来水等，均可由市经营。但目前除东北少数城市，已能依靠企业收入解决一部分财政问题外，大多数城市还只能以其本身收入扩大生产，培养市营企业的基础。为解决资金和人力的不足起见，其中一部分企业可采取大公与小公合作或公私合作等办法；此外，还可鼓励机关生产，并组织乞丐、游民、囚犯等从事生产。为奖励地方放手经营起见，今后市营企业，除须服从国家工业建设的统一方针和计划外，中央和大行政区不宜轻易接管。

（3）各种附加：附加种类及附加比率规定如下：

工商业税附加：目前各城市在税收上的附加，最普遍的是工商业税，其次尚有屠宰税，交易税，娱乐税等；此外中央直属省市并有开征政教事业费者。兹规定只保留工商业税附加，其他附加，一律停征。在工商业税中，只在营业税、所得税、临时商业税上附加，摊贩业税不附加。以上附加，国营企业与合作社同样负担。各城市现行附加比率，最低为10%，最高为25%，兹规定附加比率只能在10%到15%的范围以内。

房地产税附加：房地产税划为市收入后，在正税与附加尚未整理归并以前，兹规定最高不得超过20%。

公用事业附加：因地制宜，不作统一规定。

农业税附加：定为20%。

（4）各种规费收入：因地制宜，不作统一规定，但某些规费种类较多的城市应加以整理，能合并者合并征收之，其手续较繁、收入很小的规费，亦可不征。另一方面，规费收入很少的城市，亦可吸收其他城市经验，适当开征一些规费。

（5）文教社会卫生收入：如学校学费收入，医院诊疗收入，剧团演出收入，救济机关生产收入等，均应列入市预算，使各事业部门都有组织收入的责任。

（6）公产收入：原则上应争取做到公有房屋一律收租，以便用房租收入来保护现有建筑并发展新的建筑，逐步解决城市房荒问题。关于机关占用的公房收租，今年先在北京、上海、青岛三个城市试办，待取得经验后，明年再推行全国。

（7）司法、公安罚款及没收的收入。

（8）其他收入：包括人民自愿捐资协助政府兴办某些特定事业的收入，此项收入必须专款专用。

以上各种税收、规费及司法、公安罚款没收等收入，凡原来已列入中央预算的，须连同中央预算内原列各种市的开支一并划给市财政预算。市财政收支如不能平衡，除了中央拨给的市政建设费可由大行政区作适当调剂外，其余须从积极组织地方性的收入来解决。

各城市在组织新的收入时，必须经市人民代表机关通过。其对人民负担关系较大的，并须报经大行政区人民政府（军政委员会）批准施行（中央直属省市报中央人民政府财政部）。

以上决定所指的城市，只限于中央直辖市和大行政区直辖市，其他省辖市是否实行此项决定由省人民政府决定之。

21.基本建设工作暂行办法

（1952年1月9日政务院财政经济委员会公布）

第一节　总　则

第一条　凡固定资产扩大再生产的新建、改建、恢复工程及与之连带的工作为基本建设。如工矿、交通、农林、水利、财政、贸易、文化、教育、卫生、城市建设及大行政区以上政府机关等部门所属单位的事业建设、住宅建设、文教建设、科学试验研究建设、卫生建设及公共事业建设均属之。

第二条　基本建设工作内容包括下列各项：

一、建筑工程。

二、安装工程。

三、机器设备及属于固定资产的工具等用品的购置。

四、设计、探勘及与之有关的地质调查和技术研究工作。

五、其他基本建设工作。

第三条　进行基本建设的企业，或非企业的独立工程单位（例如某某水库工程、某某公路、某某海港等，以下均简称建设单位），按其工作性质分为新建、改建、恢复三种：

凡原无基础、新开始建设之单位，为新建性质之单位；

凡就原有规模加以扩充或改建之单位，为改建性质之单位；

凡因原有建设遭受破坏不能使用，就原有基础及原有规模加以恢复者，为恢复性质之单位。但恢复而同时进行扩充与改建者，则为改建性质之单位。

第四条　为便于各级主管机关对建设单位在计划、设计、施工等工作上管理掌握有所区别起见，建设单位应分为“限额以上”“限额以下”两种，限额数字由政务院财政经济委员会（以下简称中财委）按照各事业种类不同情况分别规定，附于本办法之后。凡建设单位整个建设规模所需全部总投资数超过或等于规定限额者，为“限额以上”的建设单位；其小于规定限额者，为“限额以下”的建设单位。其中个别建设单位，如性质重要，经中财委指定，不论其所需总投资数多寡，均作为“限额以上”的建设单位。

“限额以上”的建设单位，全部建设总投资大于或等于1000亿元者，简称甲类建设单位；其全部建设总投资小于1000亿元者，简称乙类建设单位。

“限额以下”的建设单位，全部建设总投资大于或等于20亿元者，简称丙类建设单位；其全部建设总投资在20亿元以下者，简称丁类建设单位。

第二节　组织机构

第五条　中央各主管部、事业管理总局、大行政区财政经济委员会（以下简称大行政区财委）、大行政区专业部、及各该所属管理局、各企业，凡在基本建设工作者，均应视工作之需要设立基本建设的专责机构，负责领导或进行基本建设的设计、施工、计划等项工作，若上述基本建设的设计及施工是委托给设计公司及包工公司进行者，则基本建设机构的任务是对此项工作进行监督与检查。

基本建设计划的编制由基本建设机构与计划机构会同进行之。

第六条　凡基本建设单位同时已在进行生产者，皆应有专责机构，主管基本建设工作；并在款项、工料、账目及报表等方面与生产部分严格分开。

第七条　中央各主管部或事业管理总局应按照个别部门的情况，根据需要与可能，逐渐成立独立的设计公司及建筑安装包工公司，负责基本建设之调查设计及建筑安装工作。工作之进行应采用合同制（在合同内规定任务、明确责任、保证质量、确定费用及完成期限）与经济核算制。

第三节　设计工作

第八条　设计工作在正式的设计条例未颁布前，暂照本办法施行。

第九条　设计文件为基本建设工作的基本依据，所有建设单位，在施工以前必须依照本办法所规定的设计工作步骤与内容完成必需的设计文件，否则不得施工。在进行设计工作时，应注意节约，力避铺张浪费。

第十条　所有甲、乙、丙三类的建设单位，在进行设计以前，应先经调查研究，提出计划任务书经批准后，方得开始设计。

计划任务书之提出必须符合于国家建设的方针与任务及国家长期建设计划之规定。

计划任务书之目的在确定设计对象的建设计划方案，在工业方面其主要内容应包括下列各项（工业以外的各种建设，亦应比照下列内容办理，其项目由中央主管部另定，报中财委核准后施行）：

一、产品种类及在国民经济中的重要性。

二、生产规模及其发展远景。

三、建设地点及与有关工业之关系。

四、建设期限及与有关工业之配合。

五、投资估计数及所需外汇数。

六、资源与经济条件，包括原材料供应与产品销路。

计划任务书必要时可以同时提出几个方案，并具体比较其利弊，以供核定时之参考。

计划任务书经核定后，未得原批准机关之同意，不得变更。

第十一条　设计工作分为“初步设计”、“技术设计”、“施工详图”三个步骤，依次进行。凡恢复性质的单位之设计工作，得按两个步骤进行之，即“初步设计”、“技术设计并附施工详图”。

一、“初步设计”是根据批准的计划任务书对设计对象作通盘的研究与计算的文件，目的在阐明设计对象在技术上的可能性与经济上的合理性。在进行初步设计时，应先对设计工作所必需的经济及技术的资料进行调查研究，在调查研究未详确前，不得草率进行设计。初步设计在工业方面其主要内容如下（工业以外的各种建设，应比照以下内容，由中央主管部另定具体项目，报中财委核准后施行）：

（1）具体选定设计对象的建设地址。

（2）企业的构成，全企业及分开车间的产品种类、生产能力、生产方法、主要设备、生产组织、工作制度、生产能力的分期发展计划以及其所需的劳动力配备计划。

（3）分期开工后原料、材料、燃料、水、动力及厂内外运输等方面的需要量及供应方法。

（4）设计对象与其他企业的生产协作与联系的方案。如互相供应成品、半成品、水、动力、住宅及福利设施的可能与必要的方案。

（5）各工程部分及辅助建筑物的建筑规模、工程标准、工程进度。

（6）设计对象分期开工所需职工总数及保证其住宅、公用事业、文化福利设施的数量的计算与方法。

（7）建筑安装所需的主要建筑材料、设备、动力、水、劳动力、临时住宅建筑物的计算及保证方法。施工组织的初步方案。

（8）地面布置总图、主要建筑物及设备草图。

（9）设计对象的全部工程概算及主要工程部分的个别概算，并随附工程单价表。

（10）凡设计对象要求其他部门供应的土地、水、动力、材料、运输、电话、下水道、技术、劳动力，以及“生产协作”应事先与有关部门进行协商，并将书面协议文件附送作为初步设计的附件。

二、“技术设计”必须依据已批准的初步设计编制，其内容不得违反已批准的初步设计所作的各项规定。技术设计及其所附的预算经过相应机关批准，即成为基本建设的最基本的文件。

技术设计是对批准的初步设计中一切规定及技术问题的明确化

与具体化，依此即可进行各种设备的订货，施工的正式准备及不需要施工详图的各项工作。

技术设计的内容应包括：（1）总布置图、（2）生产、（3）运输、（4）动力、（5）给水排水、（6）采暖通风、（7）人员及住宅、（8）房屋建筑物、（9）施工组织、（10）技术经济等篇。每篇皆由必要的文件及图纸所组成。技术设计之详细内容另行规定之。

技术设计所附的预算是对技术设计各项费用的详细计算，是技术设计文件不可分割的部分。预算的内容及编制另行规定之。

三、“施工详图”系依照技术设计制出供给施工时所必需的详细图样。

第十二条 所有新建、改建及恢复性质的建设单位，除丁类建设单位外，在进行初步设计时，均应以整个建设单位在一定年度内总的建设规模为对象，做出总的初步设计。不应只做每项工程或一个年度的初步设计，而无总的初步设计。

凡在今后数年内继续进行基本建设的建设单位，必须于一九五二年内完成此项总的初步设计。除因特殊情况报经中财委批准者外，凡于一九五二年内未做出总的初步设计并经呈送上级机关批准者，自一九五三年开始，即不再列入基本建设计划之内。

第十三条 一、恢复性质的建设单位，如原有设计文件，并经审查可以采用时，得以原设计文件呈送上级批准，不另进行设计工作。

二、限额以下恢复或改建性质的建设单位，其初步设计的内容可以酌量情况加以简化。简化办法由中央主管部规定，呈报中财委备案。

第十四条 如设计对象规模巨大，技术困难，需聘请国外设计组或设计专家时，应按照中财委一九五一年四月三十日颁布之聘请国外设计组办法办理。

第十五条 设计文件之审核及批准程序如下：

建设对象			计划任务书	初步设计	技术设计	施工详图
限额以上的建设单位	甲类建设单位	全部投资在1000亿元人民币以上者	1.中央主管部提出；或大行政区提出中央主管部提审核意见书。 2.由中财委报政务院批准。	1.中央主管部提审核意见书。 2.中财委批准。	1.中央主管部或部以下机关批准；或大行政区批准送中央主管部备案。 2.其中布置总图及预算部分送中财委备案。	1.施工详图之质量应由设计部门负完全责任。 2.在施工中如发现施工详图有不合技术设计之要求时，应随时通知设计部门修正。
	乙类建设单位	全部投资在限额以上但在1000亿元人民币以下者	1.中央主管部提出；或大行政区提出中央主管部提审核意见书。 2.中财委批准。	1.中央主管部批准；或大行政区批准，送中央主管部备案。 2.中财委备案。	1.中央主管部或部以下机关批准；或大行政区批准送中央主管部备案。 2.其中布置总图及预算部分送中财委备案。	1.施工详图之质量应由设计部门负完全责任。 2.在施工中如发现施工详图有不合技术设计之要求时，应随时通知设计部门修正。
限额以下的建设单位	丙类建设单位	全部投资在限额以下但在20亿元以上者	由中央主管部或大行政区或其指定的机关批准。	1.中央主管部批准；或大行政区批准，送中央主管部备案。 2.其中概算部分应送中财委备案。	中央主管部或大行政区批准或其以下机关批准。	1.施工详图之质量应由设计部门负完全责任。 2.在施工中如发现施工详图有不合技术设计之要求时，应随时通知设计部门修正。
	丁类建设单位	全部投资在20亿元以下者	不做	不做	批准机关由中央主管部或大行政区决定。	1.施工详图之质量应由设计部门负完全责任。 2.在施工中如发现施工详图有不合技术设计之要求时，应随时通知设计部门修正。

附注：（1）表中所列大行政区提出或大行政区批准的，系指大行政区代管的建设单位。

（2）大行政区领导的建设单位（包括地方事业），除限额以上的建设单位须将计划任务书报送中央主管部核转中财委批准外，其余均由大行政区财委自行规定程序批准之。

个别事业部门如情况特殊照本条办法办理有困难者，得由中央主管部依照本条之原则作补充规定，报请中央财委批准后施行。

第十六条 各项设计文件经批准后，建设单位不得擅自变更，遇有事实需要必须变更时，应照前条程序报请批准。但关于纯技术性之修正，不变更原设计之规模及标准者，经原设计机构之同意得加以修改。

第十七条 中央各主管部于设计机构健全或条件成熟时，应尽可能编制各种标准设计，颁发所属各部门采用，借以节省设计人员力量与设计费用。

第四节 施工工作

第十八条 各建设单位的施工工作，应依照批准之设计文件及基本建设计划进行；以上文件未经批准者，不得进行施工。

一、限额以上的甲类建设单位，必须于技术设计、工程预算及年度基本建设计划经批准后，方得施工。但此类建设单位得：（1）于初步设计批准后即拟具有关准备工程（如修路、平场、输电线路及必要的工人宿舍等）的年度基本建设计划，经批准后，先行开工。（2）初步设计批准后，按其建设先后次序，做出第一期建设部分的技术设计、工程预算及年度基本建设计划，报经相应机关批准后开工。

二、限额以上的乙类建设单位亦应照前项办法办理，但遇建设时限急迫时，得由中央主管部报请中财委核准于初步设计、工程概算及年度基本建设计划批准后布置施工，但每项工程之技术设计，仍应在开工前完成并经批准。

三、限额以下的丙类建设单位，得根据批准之初步设计、工程概算及年度基本建设计划布置施工，但每项工程之技术设计，仍应在开工前完成并经批准。

四、各建设单位之基本建设，如系分期进行，分期完成技术设计者，其各期技术设计所附工程预算之总和，不得超过已批准的初步设计中的工程概算。

第十九条 施工时应按照下列原则办理：

一、对于请领款项、供应材料、工程组织等，应予严密管理，并应与建设进度相配合；力避积存款项及材料、呆置资金及停工待料等不良现象发生，影响工程进度。

二、工程进行时，应遵守设计时所规定的施工标准，避免浪费工料及粗制滥造，影响工程质量。

第五节 监督拨款与检查工作

第二十条 基本建设的财务预算，依照建设单位的隶属关系分按中央（包括委托大行政区代管事业）与大行政区（包括地方事业）两个系统编制、审核与拨付。即属于中央系统者（包括委托大行政区代管事业）由中央预算中拨付，属于大行政区系统者，分由大行政区预算或地方预算中拨付之。

凡中央与大行政区或地方共同投资的基本建设，其财务预算之拨付，得按各该投资额分别比照本条之规定办理之。

第二十一条 基本建设财务预算的拨款工作，由中央财政部根据中财委指示指定专业银行按照计划监督拨付之。中央财政部与专业银行对于监督拨款工作，应定期提出报告及总结，分送有关部及中财委，其办法由中财委另定之。

第二十二条 各建设单位应将其基本建设计划完成情况，定期向上级作报告（定期报告为统计报表），并须于季度、年度终了时作季度、年度总结，逐级上报。

第二十三条 中央主管部、事业管理总局、大行政区财委及专业部应对其所属建设单位建立经常的检查制度。方式有二：（1）依据各建设单位的定期统计报表进行检查，并按期编制综合报表按照规定系统逐级上报。季度、年度终了时，须作文字总结逐级上报。（2）对重要的建设单位及根据定期统计报表发现重大问题的建设单位，应随时派员至工地检查，并将检查结果专题逐级上报。

第二十四条 基本建设定期统计报表的表式及实施办法由中财委另行颁行。

第六节 验收交接与工程决算

第二十五条 工程验收的主要目的，在于检查完工的情况是否依照设计文件的目标和规格完成了生产（或使用）方面的要求，能否进行生产（或使用）。各建设单位除于每项工程竣工时，依照技术设计随时会同专业银行验收并作出验收证件（特别是隐蔽工程部分——例如基础工程、地下管线等）外；在全部工程完竣或告一段落、并移交生产（或使用）部门开始使用时，应作总的正式验收交接。关于正式验收的程序如下：

一、甲类建设单位正式验收交接时，应报事业管理总局及中央主管部，由中央主管部会同中央财政部及大行政区财委（必要时得聘请专门人员及会同人民监察委员会）进行验收，验收报告由中央主管部报送中财委。

二、乙类及丙类建设单位正式验收交接时，应报事业管理总局及中央主管部，由中央主管部或事业管理总局派员进行验收。大行政区领导之建设单位应报大行政区专业部及财委，由大行政区财委或专业部派员验收。

第二十六条 各建设单位于工程竣工时应编造工程决算：

一、各建设单位于全部工程竣工或某一期工程竣工时，编造工程决算，送事业管理总局或大行政区专业部核转中央主管部，由中央主管部核转中央财政部审核，并送拨款专业银行一份，验收后转为固定资产。

二、中央主管部应就各建设单位之工程决算，核计其工料费用，按各项工程之“工程计量单位”（例如一立方混凝土工程），作出使用材料与劳动力等的定额纪录，将其结果每年汇总报告中财委一次，以为积累经验逐渐改进定额之参考。

第七节 计划的编制与批准

第二十七条 基本建设计划是国民经济计划的重要组成部分，必须符合于国家一定时期的政治、经济总任务及国家的长期建设计划，规定计划期间的基本建设工作总量及建设的速度与程序。其内容应包括勘查、设计、施工等各项工作的计划，并分年分季编制之。各级机关于编制与批准计划时，应注意计划的指导性、现实性与严肃性；遵照政府的指示，周详考虑，结合实际，编制及审核计划，并依据批准的计划布置工作及监督其执行。

第二十八条 计划的编制按下列步骤办理：

一、自上而下颁发控制数字。

二、自下而上逐级编制并报送计划草案。

三、自上而下批准计划。

第二十九条 基本建设计划依照建设单位的隶属关系，分按中央（包括委托大行政区代管事业）与大行政区（包括地方事业）两个系统编制、综合及批准之。

凡中央与大行政区或地方共同投资的基本建设，其计划之编制与综合，按建设单位之隶属关系办理之。

第三十条 计划控制数字的颁发，按照下列程序办理：

一、中财委依照中央人民政府经济建设的方针，国防与国民经济建设的需要，生产能力与物资供应的平衡，地区间生产能力的合理分布，人力、物力、财力的可能性，并参照中央各主管部及各大行政区的意见，拟定中央各主管部及各大行政区的控制数字草案，其中只规定若干主要建设单位的控制数字及中央各主管部与大行政区财委机动数字的百分比，其余由中央主管部及大行政区财委自行分配；报送中央人民政府政务院审核批准颁发。

在中财委拟定控制数字前，中央主管部应对其直辖及委托大行政区代管企业的基本建设控制数字提出意见送中财委参照。（大行政区代管之中央国营事业，由大行政区财委向中财委提出意见，同时由大行政区专业部向中央主管部提出意见核转中财委参照。）

在中财委拟定控制数字前，各大行政区财委（东北为人民经济计划委员会）应提出各该地区（包括大行政区及地方）基本建设投资的控制数字草案，并随附说明，送中财委参照。同时应按中央各主管部管辖范围将各业的控制数字以副本分送有关中央主管部，由部核提意见送中财委。

二、中央各主管部及大行政区财委根据政务院分别颁发的控制数字及指示，分按所属建设单位的隶属关系对建设单位颁发控制数字及指示。（中央委托大行政区代管之建设单位，其控制数字由中央主管部分配颁发大行政区专业部，并抄送大行政区财委。）

第三十一条 中央各主管部及大行政区财委颁发控制数字时，应依据下列原则办理：

一、应遵照政府规定的建设方针与任务，集中力量于最主要的环节和建设事项，以期尽速完成，开始使用，增加生产，早收成效。

二、应依据主观力量及客观条件，使核定之工作量及财务预算在本年度内确能完成，避免建设单位计划庞大及过量的储备器材，呆置国家资金。

三、应加强设计工作，并注意设计文件可能完成的情况；凡预计初步设计在计划年度内七月一日以前不能完成，并经上级批准者，其施工所需的工程费一律不列入控制数字。但主管机关预计初步设计及与之相称的工作总量可在计划年度内完成者例外。

四、逐级向下颁发的各业控制数字，其总数不得超过政务院颁发的控制数字。

中央主管部及大行政区财委如基于实际情况，认为政务院颁发之控制数字有须变更之处时，应说明理由，报请中财委核转政务院批准。

第三十二条 计划草案的编制照下列程序办理：

一、各建设单位根据上级颁发的控制数字及指示，编制年度计划草案报送上级管理机关；季度计划草案，根据批准的年度计划结合实际情况编制，不另颁发控制数字。

二、中央各主管部直属之建设单位，按各该中央主管部隶属关系报送上级，同时应以计划草案一份报送所在地大行政区财委。

中央主管部所属事业管理总局，审查综合所属单位的计划草案，编成局的计划草案，连同各单位的计划草案及审核意见书报送中央主管部。局的计划草案，应包括委托大行政区代管单位在内。

中央主管部审查综合所属各局的计划草案，编成部的计划草案。

三、中央委托大行政区代管事业单位之计划草案，由各建设单位按大行政区专业部的管理系统报送上级审查综合。

大行政区专业部审查综合各业中央委托代管事业计划草案，编成部属中央委托代管事业计划草案，连同各业计划草案及审核意见书报送大行政区财委；并按中央各主管部管辖范围将各业的计划草案分别报送各该中央主管部审查综合，编入部的计划草案。部并通知事业管理总局，列入局的计划草案。

大行政区财委审查综合各专业部中央委托代管事业计划草案，编成大行政区中央委托代管事业计划草案，连同审核意见书报送中财委。

四、大区及地方所属单位的计划草案，按大行政区管理系统报送上级审查综合，最后由大行政区财委编成大行政区的综合计划草案，报送中财委；同时按中央各主管部管辖范围将各业的计划草案分送中央各该主管部审查，综合，编入中央部的计划草案。

五、中央各主管部按其管辖范围综合中央系统及大行政区系统的计划草案编成部的综合计划草案，随附审核意见书及大行政区的计划草案和部属局或事业的计划草案报送中财委。

六、中财委审查综合中央各主管部及各大行政区的综合计划草案，并编成全国基本建设综合计划草案，报送政务院批准。

第三十三条 各级机关编制计划时，应一律使用计划表格，根据计划表格的说明编制计划。各级计划表格规定如下：

一、计划表格的内容包括基本建设计划及其有关的财务预算，物资供应和劳动计划。

二、中央主管部、大行政区财委及专业部，均使用中财委颁发之计划表格。大行政区专业部对中央主管部报送的中央委托代管事业计划草案均使用中央主管部颁发之局用计划表格。

三、中央各部所属事业管理总局及大行政区各专业部所属事业管理局，均使用中央主管部颁发之局用计划表格。

四、中央及大行政区所属单位使用中央各主管部或事业管理总局颁发之企业计划表格。

五、地方所属单位使用之计划表格，由大行政区财委根据中央颁发之计划表格之内容与精神，自行拟定；但必须列有工作总量，开始使用的生产能力与固定资产三项指标。

六、各级主管机关颁发计划表格时，均应先经上级机关审查批准。

第八节　附　则

第三十四条　地方事业之基本建设工作办法，得由大行政区财委参照本办法自行规定。

第三十五条　本办法如有未尽事项，得由中央各主管部及大行政区财委作补充规定，但须报经中财委核准后施行。

第三十六条　本办法施行后，中财委前颁之“基本建设工作程序暂行办法”即行废止。

各种事业基本建设的限额

单位：人民币亿元

事业种类	金　额	备　考
燃料工业		
电力工业		
发电	500	
输电	300	
煤炭开采工业	500	

续表

事业种类	金　额	备　考
新开矿井		一律作为限额以上
石油开采及加工业	500	人造石油天然石油同此
重工业		
钢铁工业	500	包括炼焦在内
有色金属工业	300	
煤焦油化学工业	500	
机器工业	300	机器制造及修理、金属制品、交通工具制造及修理均属之
电器工业	300	
肥料化学工业	500	
其他化学加工业	200	
水泥工业	200	
玻璃工业	200	
轻工业		
橡胶加工业	150	
造纸工业	150	
制革工业	100	
木材加工业	50	
制糖工业	150	
油脂工业	100	如：食用油、桐油
酿酒工业	50	
食盐采集工业	50	
面粉工业	50	
纺织工业		
纺织工业	300	棉纺织、毛纺织、麻纺织皆属之
棉花加工业	100	
其他工矿业	100	凡不属于上列各类工业者
铁路运输		

续表

事业种类	金　额	备　考
新建路线、增加复线		均作为限额以上
桥梁	500	独立的桥梁工程
铁路工厂	200	
旧线加强		
（1）车站附属企业	100	
（2）自动信号增设	100	
（3）改善工程	100	
航务公路		
新建河海港口		均作为限额以上
航务建筑	100	
改建河海港口	100	
新建公路		均作为限额以上
恢复、改建公路	200	
桥梁	100	
汽车修理厂	100	
邮政电讯		
新建自动电话		均作为限额以上
扩充市内电话	300	
新建或扩充长途电讯线路	100	
电讯线路加强	100	
新建电台	100	
农业		
新建拖拉机站		均作为限额以上
畜牧	30	
水产	50	
农具、农药厂	80	
林业		
采伐	100	

续表

事业种类	金　额	备　考
造林	50	
林产制造厂	100	
水利		
水库工程	500	
滞洪工程	500	
蓄洪工程	500	
排洪工程	500	
排水工程	300	
灌溉工程	200	
航道工程	200	
土木建筑		
仓库	30	
办公室等建筑物	30	
住宅	30	
铁路专用线	30	
试验研究	30	

说明：（1）中财委认为重要的单位，虽投资在限额以下，亦得提出列为限额以上。

（2）凡建设单位，其建设目的为生产过去国内不曾生产过的产品，不论投资多少，均作为限额以上。

（3）土木建筑及试验研究两项的限额，是指未按业规定限额的单位，各该单位如进行仓库、办公室、住宅及铁路专用线的土木建筑，或进行试验研究的基本建设，均应照上项规定限额办理。其已按业规定限额的单位仍照该业的规定限额。

（4）中央各主管部及各大行政区财委遇有此限额规定不恰当或不完备时，得报请中财委重予补订。

22.省（市）以上各级人民政府财经机关与国营财经企业部门监察室暂行组织通则

（1952年12月27日政务院公布）

第一条 为加强对省（市）以上各级人民政府财经机关与国营财经企业部门及其工作人员的监督检查，保障国家政策、法律、法令、方针、计划、决议、命令的贯彻执行，维护国家纪律，特制定本通则。

第二条 凡省（市）以上各级人民政府财经机关及国营财经企业部门均设立监察室，在各该机关、部门及所属独立单位执行监察职务。

第三条 省（市）以上各级人民政府财经机关及国营财经企业部门监察室（以下简称各机关监察室）的任务职权如下：

一、监督与检查本机关、部门与所属独立单位及其工作人员对国家政策、法律、法令、方针、计划、决议、命令是否贯彻执行；

二、监督与检查本机关、部门及所属独立单位的基本建设、增产节约、经济核算、资金运用、安全生产、民主管理、财政制度、学习先进经验、提倡合理化建议等项工作；财政机关的监察室并得监察其他机关遵守财政制度、纪律等情况；

三、对消极怠工、阳奉阴违、贪污、浪费、官僚主义等违法失职的机关和人员，进行纠正、检举与提出惩戒意见；对于和不良倾向作坚决斗争、工作成绩卓著或挽救事故有功的机关和人员给以支持或提出奖励意见；

四、受理职工、人民和人民团体对本机关、部门与所属独立单位及其工作人员违法失职行为的检举与控告；

五、领导所属独立单位的监察室及本机关、部门与所属独立单位的人民监察通讯员的工作；

六、组织、教育职工监督本机关、部门与所属独立单位及其工作人员的工作；

七、接受并执行上级监察机关及本机关、部门首长交办的监察任务。

第四条 各机关监察室设主任一人，必要时得设副主任一人。主任综理室务，副主任协助之。设秘书一人。视工作需要得本精简原则设监察专员、监察员若干人，分掌各项工作。

第五条 各机关监察室受本机关、部门首长及上级机关监察室的双重领导，并受其主管机关的同级人民监察委员会指导；与其主管机关的同级人民监察委员会不驻同一地区者，应受当地人民监察委员会指导。

第六条 各机关监察室应根据本机关首长及上级监察机关的指示，围绕中心工作，有计划、有重点地进行监督检查，不应代替日常业务检查。

第七条 各机关监察室对本机关、部门与所属独立单位及其工作人员的工作得随时进行检查，被检查者不得拒绝。

第八条 各机关监察室依照规定属于本机关权限范围以内的惩戒处分，须经本机关首长批准执行。其应予奖励者应建议主管人事部门处理，如有涉及刑事或反革命的案件应移送当地人民检察署、人民法院或公安机关处理。

第九条 各机关监察室得派人参加本机关、部门及所属独立单位的有关会议，并得向有关部门搜集材料或调阅案卷。

第十条 各机关监察室得在本机关及所属独立单位设置人民监察通讯员、人民检举接待室、人民意见箱，并举办有关组织职工群众监督政府机关及其工作人员的其他措施。

第十一条 各机关监察室在监察工作中应与有关部门密切配合，必要时得报请上级监察机关派员会同检查，上级监察机关对该机关检查时，各该机关监察室应协同检查。

第十二条 各机关监察室的工作计划、总结，应按期向上级监察机关报告；遇有重大事故或疑难问题并应随时报告或请示。如发现不属于该机关管理范围以内的问题或案件，应即转交有关机关处理。

第十三条 各机关监察室对内对外的重要行文，均须由本机关首长签署，以机关名义行之；但对所属下级监察室及所属人民监察通讯员得发布一般性的指示或通知。

各级监察室之间的重要行文，应同时抄致其主管机关同级的人民监察委员会或当地人民监察委员会。

第十四条 各机关监察室工作细则，由各该监察室自行拟订，报请本机关首长核定。

第十五条 本通则自政务院公布之日施行。

23. 中央人民政府委员会关于批准海关与对外贸易管理机关实行合并的决议

（1953年1月14日中央人民政府委员会第二十一次会议通过　同日中央人民政府公布）

中央人民政府委员会第二十一次会议决议：批准中央人民政府政务院关于海关与对外贸易管理机关实行合并的决定。

附录：中央人民政府政务院关于海关与对外贸易管理机关实行合并的决定

政务院关于海关与对外贸易管理机关实行合并的决定

（1953年1月9日政务院第一百六十六次政务会议通过）

为了迎接国家大规模经济建设和扩大对外贸易的任务，进一步贯彻对外贸易政策，全国对外贸易的管理监督工作必须在领导上、组织上更加统一与集中，因此，特决定：

一、报请中央人民政府委员会批准：将中央人民政府海关总署划归中央人民政府对外贸易部领导，成为对外贸易部的组成部分，改称中央人民政府对外贸易部海关总署。对外贸易部的对外贸易管理总局应即与海关总署实行合并，按工作需要，调整机构人员。海关总署在对外贸易部的领导下，仍按中华人民共和国暂行海关法和对外贸易管理暂行条例的规定，组织与管理全国海关组织及其业务，并行使其他应有的职权。

二、各口岸对外贸易管理局及其分支机构应即与当地海关实行合并，统称海关。合并后内部组织机构、人员编制应有步骤地进行合理的调整。关于干部的任免暂按海关现行规定办理。

三、中华人民共和国暂行海关法总则所规定的海关任务与职权，全国各地海关仍应继续遵照执行。凡在设有对外贸易管理机关的口岸海关，自合并之日起，应即遵照对外贸易管理暂行条例的规定，执行下列各项任务：

（一）执行对外贸易许可制度，审查价格，签发进出口许可证；

（二）管理登记进出口厂商；

（三）拟订本口岸进出口计划，报中央批准，并组织其实现。

四、各地海关组织建制属于中央，直属于中央人民政府对外贸易部海关总署，同时并受海关所在地大行政区或省、市财政经济委员会的监督指导。海关员工中的一切政治教育工作由大行政区行政委员会指定适当的地方机关负责领导，并得对海关干部的任免提出建议。

五、各大行政区或省、市财政经济委员会对海关指导监督的范围如下：

（一）监督检查各地海关对全国性政策、法令、任务、计划的贯彻执行；

（二）督导海关拟订地方进出口业务计划报经中央批准后施行；

（三）根据中央统一规定，督导海关掌握出口审价工作；

（四）掌握决定属于地方特许类的进出口货物，并督导各地海关执行；

（五）决定地方性临时紧急问题的处理办法；

（六）解决海关与当地有关机关的联系和工作配合问题。

六、中华人民共和国暂行海关法和对外贸易管理暂行条例，应由中央人民政府对外贸易部根据合并后海关的工作情况，提出必要的修订意见，报政务院批准公布施行。在未公布修订前，原暂行海关法和对外贸易管理暂行条例仍属有效。

24.政务院关于国家建设征用土地办法

（1953年11月5日政务院第一百九十二次政务会议通过
1953年12月5日公布）

第一条 为适应国家建设的需要，慎重地妥善地处理国家建设征用土地问题，特制定本办法。

第二条 凡兴建国防工程、厂矿、铁路、交通、水利工程、市政建设及其他经济、文化建设等所需用之土地，均依本办法征用之。

第三条 国家建设征用土地的基本原则是：既应根据国家建设的确实需要，保证国家建设所必需的土地，又应照顾当地人民的切身利益，必须对土地被征用者的生产和生活有妥善的安置。凡属有荒地、空地可资利用者，应尽量利用，而不征用或少征用人民的耕地良田。凡属目前并不十分需要的工程，不应举办。凡虽属需要，而对土地被征用者一时无法安置，则应俟安置妥善后再行举办，或另行择地举办。

第四条 凡征用土地，均应由用地单位本节约用地的原则，提出征用土地计划书，按业务系统报经其上级领导机关批准后，依关于批准权限的下列规定，分别转请中央人民政府政务院或大行政区行政委员会或省、市、县人民政府核准公布征用之：

甲、全国性的建设事业用地，经中央人民政府国家计划委员会核定，由中央人民政府政务院批准；

乙、地方性建设事业，用地在五千亩以上或迁移居民三百户以上者，由大行政区行政委员会批准；用地不足五千亩而在一千亩以上者或迁移居民不足三百户而在五十户以上者，由省（市）人民政府批准；用地不足一千亩，或迁移居民不足五十户者，由县人民政府批准；

丙、国防建筑工程，分别大小经中央人民政府人民革命军事委员会、大军区或省军区核定，移送政务院或地方人民政府批准。

征用土地的计划书，送请上级批核时，均应详细说明用地的属境、位置（附图标明）和数量，用地所涉及的户数和人口数，用地上的附着物和农作物，以及对土地被征用者的补偿安置计划，并连同用地所在的地方政府意见一并报核。上级机关审批时，亦须掌握节约用地的精神仔细核实。

第五条 征用土地计划书完成第四条规定的批准手续后，用地单位应协同当地人民政府和中共党委（有些小的单位则直接在当地党政领导下），向当地人民进行解释工作，宣布对土地被征用者补偿安置的各项具体办法，并给群众以必要的准备时间，使群众在当前切身利益得到适当照顾的条件下，自觉地服从国家利益，服从人民的长远利益，然后始得确定征用，进行施工。如征用大量土地，迁移大量居民甚至迁移整个村庄者，应先在当地人民中切实做好准备工作，然后召开人民代表大会讨论解决之。

第六条 在土地未确定征用前，为勘查该土地是否适用，须进行测量、钻探等工作时，亦应由用地单位视勘测范围，分别报经省、市、县人民政府核准后，协同当地人民政府和中共党委向人民解释清楚（有些小的单位则直接在当地党政领导下），取得人民同意后始得进行。如因此项测探工作，使当地人民蒙受损失时，亦须予以适当补偿。

第七条 如遇临时抢险等紧急需要，不及备办征用土地的批准手续时，得一面先行进入地内施工，一面报告当地人民政府，并在施工中及时补办征用手续。

第八条 被征用土地的补偿费，在农村中应由当地人民政府会同用地单位、农民协会及土地原所有人（或原使用人）或由原所有人（或原使用人）推出之代表评议商定之。一般土地以其最近三年至五年产量的总值为标准，特殊土地得酌情变通处理之。如另有公地可以调剂，亦须发给被调剂土地的农民以迁移补助费。

对被征用土地上的房屋、水井、树木等附着物及种植的农作物，均应根据当地人民政府、用地单位、农民协会及土地原所有人和原使用人（或原所有人和原使用人推出之代表）会同勘定之现状，按公平合理的代价予以补偿。

第九条 征用公有土地及城市郊区国有土地时，对耕种该土地的农民亦应依其生活情况适当予以补助。该土地上的附着物和农作物同样按第八条第二项规定办理。

对于原来依靠公有土地收入维持的公益事业，在该项土地被征用后仍须续办而经费无着者，应由当地人民政府按该事业性质分别在主管部门的事业经费内开支。如无法开支时，应及时报请上级人民政府解决。

第十条 凡因征用土地而须迁移坟墓者，必须事前通知坟主迁移，发给适当的迁葬费用，并应照顾当地的风俗习惯妥善处理。坟墓无主者应由用地单位代迁。对无地迁葬者应协助找地迁葬。对烈士的坟墓更应妥善迁移，并应通知当地县（市）人民政府。

在已被征用的土地范围内的名胜古迹，应在不妨碍建设的条件下尽力保存之。

第十一条 凡修建工程，须临时使用征用范围以外之土地作为材料堆存场所及临时运输道路等用途者，应与该项土地所有人（或使用人）协商临时借用，或订立契约临时租用。

凡因修建工程而使附近未被征用之土地蒙受损失者，对该项土地所有人（或使用人）亦应给以应得的补偿。

第十二条 已征用之土地在勘探施工过程中，如因情况变化停止使用，或勘探结果证明不合用者，可以退还原所有人（或原使用人）。如原所有人（或原使用人）已因勘探施工而蒙受一定损失者，亦应给以适当补偿。

已征用的土地，如在农作物的生长时间一季以上暂不修建，并为了有利生产，在不妨碍建设用途的条件下，应仍准农民暂时继续耕种。

第十三条 农民耕种的土地被征用后，当地人民政府必须负责协助解决其继续生产所需之土地或协助其转业，不得使其流离失所。用地单位亦应协同政府劳动部门和工会在条件许可的范围内，尽可能吸收其参加工作。

第十四条 被征用的土地及其附着的房屋等应由原所有人或其合法的代理人凭所有权的证状或当地乡以上人民政府的证明，向用地单位领取补偿费（可由当地人民政府代发）。如证状遗失或在用地单位发补偿费期间未能提出证状而当地乡以上人民政府又不能证明者，以及在用地单位发补偿费期间无人前来承领者，用地单位应将补偿费送交当地人民政府代为保管，保管期间一年。如原所有人或其合法的代理人在一年内前来承领，或补提证状经地政机关认可或乡人民政府证明者，得予补发。逾期无人请领或不能提证请领时，当地人民政府即将所代管的补偿费报缴国库，并通知用地单位。

第十五条 原所有人的土地房屋所有权的证状上所载之土地房屋，如全数已被征用，此项证状在领取补偿费时即应交与当地人民政府注销。未全部被征用者，则于领取补偿费时，由当地人民政府在该证状上注明被征用部分后发还本人或换发新证。如征用后所馀土地无多，原所有人不愿使用或不便处理时，可经当地人民政府核准，一并征用。

凡按本办法，经人民政府批准征用之土地，其产权转移时，一律免纳契税。

第十六条 补偿费发放竣事后，用地单位应将征用的土地，绘图造册，一式两份，送当地县（市）人民政府备案盖印，一份由用地单位收执，一份即存县（市）人民政府备查。

第十七条 凡因国家建设的需要，在城市市区内征用土地时，地上的房屋及其他附着物等，应根据当地人民政府、用地单位及原所有人和原使用人（或原所有人和原使用人推出之代表）会同勘定之现状，按公平合理的代价予以补偿。地基与房屋的产权同属一人者，地基部分不另补偿；分属两人者，视地基所有人的生活情况酌情补偿之。市区内的空地得无偿征用。

地主在市区内出租的农地得无偿征用，但对租种此项工地的农民，应对其在此项租入土地上的农作物及附着物等按第八条第二项的规定予以补偿。

征用农民在市区内自耕的农地时，补偿办法按第八条规定办理。

市区内农民自耕或租种的土地被征用后，其生产、生活问题应按第十三条的规定予以妥善安置。

第十八条 凡征用之土地，产权属于国家。用地单位不需用时，应交还国家，不得转让。

第十九条 私营经济企业和私营文教事业用地，得向省（市）以上人民政府提出申请，获得批准后由当地人民政府援用本办法，代为征用。

第二十条 各地已颁行的征用土地办法于本办法公布后即行废止。

各省（市）人民政府得根据本办法制定当地的具体实施办法，报请大行政区行政委员会批准实施，并报中央人民政府政务院备案。

第二十一条 在少数民族自治区，国家建设征用土地办法，由自治区政府制定，报请省以上人民政府批准施行，并报中央人民政府政务院备案。在自治区的单行办法未制定前，应根据当地的民族习惯，参照本办法变通办理之。

第二十二条 本办法经政务会议通过，报请中央人民政府主席批准公布，自公布之日起实行。

25. 1954年国家经济建设公债条例

（1953年12月9日中央人民政府委员会第二十九次会议通过）

第一条 中华人民共和国中央人民政府为加速国家经济建设，逐步提高人民物质和文化生活水平，特发行1954年国家经济建设公债。

第二条 本公债的募集及还本付息，一律以人民币为计算单位。

第三条 本公债发行总额定为人民币六万亿元，于1954年1月开始发行，10月1日起计息。

第四条 本公债面额分为壹万元、贰万元、伍万元、拾万元及伍拾万元五种。

第五条 本公债利率定为年息四厘，自1955年起，每年9月30日付息一次。

第六条 本公债本金分八年作八次偿还，自1955年起，每年9月30日抽签还本一次，第一、二次各抽还总额百分之五，第三、四次各抽还总额百分之十，第五、六次各抽还总额百分之十五，第七、八次各抽还总额百分之二十。

第七条 本公债的发行及还本付息事宜，指定由中国人民银行及其所属机构办理之。

第八条 本公债不得当作货币流通，不得向国家银行及公私合营银行抵押。

第九条 如有伪造本公债或损害本公债的信用行为者依法惩处之。

第十条 本条例自公布之日施行。

26.国家统计局关于制定及审批调查统计报表的暂行办法

（1953年9月5日）

一、为有计划、有系统地进行国家统计系统及业务系统的调查统计工作，防止各部门各地区滥发表格，以保证为国家建设所必需的调查统计能切实执行，特依据政务院《关于充实统计机构加强统计工作的决定》指示之原则、及政务院《关于清理现行调查统计表格及禁止乱发调查统计表格的指示》制定本办法。

二、全国各级政府机关、企业、团体制发统计报表及调查方案，不论其是定期性或一次性，亦不论其简单或复杂，悉依本办法办理。

三、各政府机关、企业、团体制定统计报表及调查方案的权限及其审批程序规定如下：

（1）全国统一的关于国民经济、文教卫生及社会情况等定期性基本统计报表及全国范围的一次性调查方案，由中央人民政府国家统计局会同中央有关部门拟定后由国家统计局颁发，其中特别重要部分，报请中央人民政府国家计划委员会批准颁发。

（2）为适应地方政府的需要，大行政区统计局得制定和颁发在该行政区以内进行的定期性统计报表及一次性调查方案，报中央人民政府国家统计局备案。重要的定期性统计报表，应报中央人民政府国家统计局批准。重要的一次性调查方案，应报大行政区行政委员会（或财政经济委员会）批准。省、市统计局（处）得制定和颁发在该省、市以内进行的定期性统计报表及一次性调查方案，报大行政区统计局备案。重要的定期性统计报表应报大行政区统计局批准。重要的一次性调查方案，应报省、市人民政府（或财政经济委员会）批准。

以上定期性统计报表或一次性调查方案凡涉及中央各部直属企业者，其表式及说明须抄送中央有关各部。

（3）中央及地方业务部门制定的在其本系统内施行的定期性业务统计报表（包括技术经济统计报表）及在本系统内进行的一次性调查方案，其审批程序如下：

中央各委、部、会、院、署、行及其所属专业管理机关（包括中央设在大区的专业管理机关）所制定的定期性业务统计报表及一次性调查方案，须经各该部门的统计机构审核后，送各该部门首长批准，报中央人民政府国家统计局备案。

大行政区及省、市业务部门所制定的定期性业务统计报表及一次性调查方案，由各该部门首长批准，报同级统计局（处）及上一级业务部门备案。其须颁发至中央直属的而地方业务部门有指导关系的企业者，须送中央业务部门批准，报中央人民政府国家统计局备案。

（4）中央及地方业务部门所制定的定期性业务统计报表及一次性调查方案，须颁发至其他政府部门、业务系统、人民团体、公私企业或城乡居民填报时，其审批程序如下：

中央各部门及其所属专业管理机关（包括中央设在大区的专业管理机关）所制定的定期性业务统计报表及一次性调查方案，须经各该部门首长负责审核后，报中央人民政府国家统计局批准。

大行政区业务部门所制定的定期性业务统计报表及一次性调查方案须经该部门首长负责审核后，送大行政区统计局批准，报中央人民政府国家统计局及中央主管部门备案。重要的定期性业务统计报表应经大行政区统计局核转中央人民政府国家统计局批准；重要的一次性调查方案应经大行政区统计局核转大行政区行政委员会（或财政经济委员会）批准。

省、市业务部门所制定的定期性业务统计报表及一次性调查方案，须经该部门首长负责审核后，送省、市统计局（处）批准，报大行政区统计局及上一级业务部门备案。重要的定期性业务统计报表应经省、市统计局（处）核转大行政区统计局批准；重要的一次性调查方案应经省、市统计局（处）核转省、市人民政府（或财政经济委员会）批准。

（5）省辖市、专署及县人民政府一般不得颁发定期性统计报表；如有需要进行一次性调查时，其调查方案应由统计机构研究后报该地区政府首长批准，并送省统计局（处）备案；重要者须报省统计局（处）批准。

省辖市因特殊原因，需要颁发定期性的统计报表时，应经该市统计局（处）审核后送省统计局（处）批准，报大行政区统计局备案。

（6）各人民团体不得向非所属单位、公私企业或城乡居民颁发定期性统计报表。省、市级以上人民团体如因特殊需要须向政府机关、公私企业或城乡居民制发一次性的调查方案时，须先商得有关方面同意后，送同级国家统计机关核转同级人民政府批准。调查范围相当广泛者，由当地统计局（处）核转上一级国家统计机关批准。

四、统计报表及调查方案经批准后，由批准机关连同表式及说明送指定备案机关报请备案，颁表机关须与颁表同时将表式及说明抄送有关大区、省、市统计局（处），以便协同处理。

五、统计报表及调查方案一经法定机关批准后即可颁发施行，如备案机关认为不妥，可提出意见交批准机关重行考虑。

六、各级国家统计机关及各级业务部门所制定的统计报表及调查方案，不得与上级统计机关及上级业务部门所制定的及批准的统计报表及调查方案重复或抵触。

七、批准后的统计报表，如需修正、补充或废止，其由制表机关提出者，须报请原批准机关同意，其由批准机关提出者，可迳行通知制表机关遵照执行。凡经修正、补充或废止的统计报表，均须依照以上各条规定报请备案，并分别通知有关受表机关及填报单位。

八、凡遵照本办法规定经过审批手续所颁发的统计报表及调查方案，即为法定报表，颁表机关应负责切实执行，各填报单位不得拒报或谎报。非经原批准机关核准，不得擅自修改或废止。法定报表均须在表式右上角标明表号、制表机关名称、批准机关名称、批准日期与文号以及报表的报送日期。一切未依法经过审批手续颁发的统计报表，以及类似统计报表的文字调查提纲，均为非法报表，各级政府机关、企业、团体均应负责揭发，并拒绝填报。

九、批准后的统计报表及调查方案，其解释权属制表机关。

十、统计报表及调查方案的批准机关应按季将本机关在本季内批准的统计报表表式、调查方案及说明汇订成册，并编制目录（表式附后），一并报中央人民政府国家统计局审查。上述批准机关及颁表机关并应经常注意简化或废止本机关批准的及颁发的重复或不必要的报表，凡经简化或废止的报表，除通知受表机关及填报单位外，并按季汇报中央人民政府国家统计局。

十一、本办法施行后，原由政务院财政经济委员会一九五一年一月十一日颁布的财经计统字第一三一号训令应即废止，各种报表制度中的有关规定以及其他有关文件，与本办法重复或抵触者一律作废。

十二、中央各业务部门及大行政区、省、市统计局（处）得根据本办法另定施行细则，报中央人民政府国家统计局备案。

十三、本办法经中央人民政府政务院批准后，由中央人民政府国家统计局公布施行，其解释权属中央人民政府国家统计局。

年　　季批准统计

报表及调查方案目录

表号	表式种类及名称	颁表机关	批准机关
填报单位	受表机关及份数	报送日期	颁表目的

27.政务院关于发行1954年国家经济建设公债的指示

（1953年12月9日）

关于发行一九五四年国家经济建设公债的条例，已经一九五三年十二月三日本院第一百九十六次政务会议通过，并报请中央人民政府委员会批准公布。公债发行总额为人民币六万亿元，定于一九五四年一月开始推销和认购。除分配给各地区的推销数字另行电告外，兹将推销公债有关诸问题，作如下的指示：

一、一九五四年是我国在过渡时期为逐步实现国家的社会主义工业化和逐步实现社会主义改造而实行的第一个五年建设计划的第二年，完成这一年度的计划，是关系国家富强和人民幸福的一件大事，全国人民必将十分关怀和积极努力。但经济建设所需资金，数目较巨，必须从各方面筹集，始能有所保证。除国营企业收入和各项税收以外，动员全国人民，以其一部分多余的和可能节约的资金，认购公债，支援国家的建设，不仅在经济上是筹集社会主义工业化所需资金的重要的和经常的方法之一，而且在政治上也是一种爱国主义的表现。四年以来，我国经济已胜利地完成了恢复阶段的任务，开始走上建设时期，工农业生产均有发展，人民生活普遍得到了改善，特别是经过抗美援朝与各种社会改革运动，人民的政治觉悟大为提高，因此，一九五四年国家经济建设公债的推销和认购，是一定能够胜利完成的。

二、一九五四年公债，是为了加速国家经济建设而发行的，定名为“一九五四年国家经济建设公债”。公债的利息，定为年息四厘。此项利息，每年支付一次，并从第二年起即开始抽签还本，八年还清。人民认购公债，一方面是支援了国家经济建设，一方面又可按期收回利息和本金，并日益增长地分享国家建设的果实，实属公私两利，一举两得。

三、公债发行数额的分配，根据各阶层人民的经济生活、农村耕地面积及作物种类、城市工商业情况等条件，预定在城市推销四万二千亿元，其中工人、店员、政府机关团体部队干部以及文化教育工作人员，分配一万亿元，私营工商业（包括股东及资方代理人）、公私合营企业的私方及其他城市居民分配三万二千亿元；预定在农村推销一万八千亿元。

上述数字是不算大的。全国工人、店员、公教人员及部队的干部，几年来工资已有提高，且无所得税负担；全国农民，经过土地改革、互助合作以及国家贷款的帮助，生产业已恢复，并有了发展；私营和公私合营工商业，由于国营经济的正确领导和国家加工订货的帮助，生产增加，业务亦有发展。因此，城乡人民的生活，都有了一定的改善。在这种情况下，拿出一部分收入和积蓄，购买公债，以支援国家经济建设，无疑地是做得到的。国外华侨，对祖国建设一向热心，自动地踊跃认购是可以预期的。总之，只要全国人民一致努力，完成此项数字是完全能够做到的，而且是可能超额完成的。

四、发行时间：在一九五三年底以前，应做好准备工作，自一九五四年一月起，开始推销、认购和收款，到十一月底结束。并自一九五四年十月一日起，计付公债利息。其提前缴款者，采用贴息办法，以资鼓励。

五、推销方法：（一）在城市，采取由人民自愿，一次认购的方法，并限于一九五四年三月底以前，认购完成。至于认购后缴款，可视各种不同的情况，分别处理：对于机关、企业、团体、学校的职工和部队干部，可由所在单位，在其工资或津贴内分期代缴，亦可一次缴纳；对于私营和公私合营工商业（包括私资股东及资方代理人），可采一次缴清或分期缴纳方式，但应注意将公债收款时间，与所得税收缴时间错开，以减少缴款之困难；对于城市居民个人购买公债款项，可以一次缴清，亦可以分期缴纳。（二）在农民中推销公债，可采取定额分配与自愿认购相结合的方法，按农民的经济情况，分配合理的数字，然后由农民自愿认购，农民可能而又自愿时，可以多购，但不必认购过多，以免影响生活，一般以不超过原分配数二分之一为限。认购期限亦以一九五四年三月底为止。认购后，款项可分二至三次缴纳，亦可一次缴纳。收款时间应适当照顾农民收入的季节性，其与农业税征收工作如何配合，由当地政府考虑决定。

对于无力购买之工人、农民、公教人员及其他各界人民，不得强令购买。

六、为了推销工作的胜利完成，各级人民政府应在发行以前和发行过程中，重视宣传教育工作。各地应利用各种机会、各种场合，如各级人民代表大会、工商业联合会、同业组织、各种座谈会等，结合国家在过渡时期的总路线和总任务的教育，结合人民政府三年来对“一九五零年人民胜利折实公债”还本付息所树立的信用，向各界人民反复说明发行公债的政治和经济意义，及其对国家和人民的好处。同时各地应组织公债推销委员会，由当地人民政府指定专人负责，吸收财政、银行、工商、农业等部门负责人和各民主党派、人民团体及各界公正人士参加，办理宣传、推销和催收债款等事宜。此外，各级文教机关、人民团体亦应利用各种机会及各种方式，负责进行宣传和劝募工作。

七、各地区应吸收一九五零年推销公债的经验，改正缺点，发扬优点，将一九五四年公债的推销工作提高一步，做到公平合理。在工作进行中，要认真贯彻民主协商的精神，坚决反对采取强迫命令的办法。在推销和收款期间，要注意组织财政、金融、贸易和合作机关，根据金融物价情况，采取有效的措施，保证市场上筹码适度，物价正常。我们国家的经济，正在向前发展，对于发行公债，我们亦有了一定的经验，而且此次公债收款时间又较长，只要各级领导注意掌握，这次公债的发行，是应该而且能够作好的。

28.政务院关于充实统计机构加强统计工作的决定

（1953年1月8日）

国家大规模的有计划的经济建设即将开始，没有比较健全的系统的统计机构和比较完整的科学的统计制度，就不可能制订正确的计划，不可能及时检查计划的执行情况。为此，必须加强各级政府及各业务部门的统计机构和统计工作，并须统一制定全国性的统计制度和统计方法，使我们的经计工作能适应大规模经济建设的需要，逐步发挥统计工作在经济建设中的监督作用。

最近各大行政区与省市人民政府及若干业务部门为着适应工作的需要，已在开始建立统计机构，配备与培养了一定数量的统计干部，作了一些初步的调查统计工作，这对于国家的管理工作、建设工作、计划工作是有帮助的。但各地区各部门的发展情况是不平衡的，除东北因经济建设开始较早，统计工作有了初步基础外，其他地区一般还在初创阶段。有些部门领导上对统计工作的作用及其重要性仍认识不足，对统计工作缺乏有力领导，因而大大地影响了统计工作的开展。由于我们的统计机构还不健全，统计制度还未建立，因而各地区、各部门各自调查统计，缺乏统一的集中的领导，工作中尚存在着比较严重的重复混乱现象。为了解决上述问题，中央人民政府已决定成立国家统计局，各级人民政府及各业务部门均应按照需要，充实统计机构，加强统计工作；并按照国家统计局的统一规定，建立严格的、系统的科学统计制度。为此特作决定如下：

（一）国家统计局为国家统计工作的领导机关，所有财政、经济、文化、教育、卫生及社会情况等基本统计工作，均由国家统计局负责领导。凡国家统计局所颁布的一切统计制度、统计方法、统计表式等（其中特别重要部分应经国家计划委员会批准），所有各级地方政府、中央及地方各业务部门及各公私企业必须遵照执行。如有不经批准乱发统计表格，不按规定填送报表者，得视为违反纪律行为，应予纠正。至于假报数字或谎报统计资料者，则为对国家不忠实的行为。应予严厉的处分。

（二）各大行政区、省、市、专署及县人民政府的统计机构，均须依据国家统计局所规定的统计制度及工作任务进行工作，并负有对本地区各部门的统计工作进行组织指导、检查督促的责任。各级地方政府的统计机构，除保证完成国家统计局所规定的任务外，得视地方需要，并征得上级统计机构同意后，进行地方性的调查统计工作。

（三）为使国家统计局所规定的统计工作制度和工作计划得以贯彻执行，大行政区、省、市、专署、县各级人民政府必须迅速建立并加强统计机构，大行政区及省市成立统计局，专署及县成立统计科，成为大行政区、省、市、专署及县人民政府的组成部分（有财经委员会者，受财经委员会指导）。一九五三年第一季内，必须把省、市以上统计机构建立并充实起来，并建立县以上的统计机构，以便完成国家统计局所规定的任务，和担负起地方性的必要的调查统计工作。

（四）各级人民政府的各业务部门均须遵守国家统计局颁布的有关统计方面的指示和规定，并应按照国家统计局的规定，向同级人民政府的统计机构按期填送报表。除国家统计局所规定的报表外，中央人民政府及各级地方政府的业务部门并得按其业务需要，在取得国家统计局或同级统计机关的同意后，颁发各种补充报表。为此，各业务部门应即加强现有统计机构，配备必要数量的统计干部，特别是基层单位的统计机构与统计干部，俾能按照国家需要及时完成统计任务。

（五）责成国家统计局迅速改进和补充制定适用于各级人民政府、各业务部门的基本统计报表，由各级统计机构按照规定及时填报。国家统计局并应对现行的各种统计表格加以清理研究与审定，以克服重复混乱现象。

（六）调配及培养统计干部是目前加强统计机构的重要关键之一，中央各业务部门与各省市以上政府，必须迅速配备必要的干部充实统计机构，并订出培养统计干部的计划，抓紧进行；使统计工作人员专业化，保证统计工作人员政治上的纯洁性。

（七）为保守国家机密，各级统计机构应设机要部门或机要人员，所有统计工作人员必须严格保守国家机密。

29.政务院关于清理现行调查统计表格及禁止乱发调查统计表格的指示

（1953年9月5日）

国家有计划的经济建设开始，各级政府及其各业务部门均已开始重视统计工作，并已在这一方面取得了一定的成绩。但最近在全国反官僚主义运动中，检查出许多机关乱发调查统计表格的现象十分严重，特别是农村中表格泛滥成灾，成为“五多”之一。许多调查统计表格项目繁杂，内容互相重复，甚至提出了各种荒唐幼稚的要求，浪费了无数的人力物力，其结果反使统计数字愈益混乱。调查统计工作的混乱状态，已经成为各级干部的一项沉重的负担，并在群众中造成十分恶劣的影响，妨碍生产工作及其他重要工作的正常进行，并使统计部门及各基层组织忙于应付各种重复和繁杂的表格，使真正为国家建设所迫切需要的调查统计工作不能认真进行。

调查统计是我们了解情况，据以决定政策、指导工作的重要方法，尤其是建立计划经济的重要工具。为着建立科学统计工作，必须用认真负责的态度来对待调查统计，必须建立制度，禁止乱发调查统计表格。过去调查统计工作所以发生上述严重缺点，除某些领导机关及其统计部门、业务部门对调查统计要求过多过急外，首先是由于某些机关用主观主义、分散主义、官僚主义的方法来进行调查统计。调查统计的表格发得多，要得急，没有充分考虑需要与可能，对如何制订调查统计表格既未作审慎的周密的设计，亦未对所得到的资料进行认真的整理和研究。许多机关（甚至同一机关中的若干处科）往往互不联系，不经规定审批手续，各自颁发一套套的调查统计表格。其次是由于各级政府、统计部门及各业务部门对于调查统计工作管理不严，调查统计报表的审批制度并未认真地、周密地建立起来，以致统计工作的无政府状态得以继续蔓延，未能迅速防止。

为着纠正统计工作的上述混乱现象，各级政府、统计部门及各业务部门必须对目前泛滥着的调查统计表格作一番认真的清理，并对今后颁发调查统计表格加以严格控制。应该认识目前国家有计划的经济建设刚刚开始，各方面对调查统计资料的需要十分迫切；但目前调查统计工作基础薄弱，尚不可能完全满足各方面的要求。因此在布置调查统计工作时必须掌握重点，分别不同情况，认真考虑需要与可能。凡非工作所迫切需要的表格应该坚决废止；工作上虽有需要，但下面无力填报者，也勿勉强布置；凡属工作上迫切需要而又能够填报的表格，则应继续贯彻执行；但亦应该研究如何简化表格指标，采取切合实际和简单易行的方法。特别在农村中更应该掌握小农经济的特点，不应当作过多的调查和统计，因此发到区乡去的表格更应严格控制。各级政府、统计部门及各业务部门均应本此原则，来清理本机关及本地区的各种调查统计表格，并认真控制今后颁发的调查统计表格。为便于分级负责，限期完成现行表格的清理工作，兹特规定以下几项具体办法：

（一）凡国家统计局制定颁发的调查统计表格，由国家统计局会同有关部门进行清理，凡经国家统计局批准的调查统计表格，仍由原制定机关清理，国家统计局负责检查督促。国家统计局并应负责检查督促中央各业务部门及各地区的表格清理工作，于本年底前将全国清理结果报告政务院。

（二）中央各委、部、会、院、署、行及其所属专业管理局，应在各该部门首长领导下，由统计机构会同有关单位，拟定办法，将本机关所制定颁发的调查统计表格进行清理，于十一月底前将清理结果经各该部门首长最后审定，报国家统计局备查。

（三）各大行政区（包括内蒙自治区，下同）的清理表格工作，应在大行政区行政委员会领导下，由大行政区统计局拟定具体清理办法，分别由大行政区一级各业务部门及各人民团体就其自行制定颁发的调查统计表格进行清理，于十一月十五日前将清理结果报大行政区统计局审查后，转报大行政区行政委员会作最后审定。其由大行政区统计局制定颁发或批准的调查统计表格，仍由原制定机关负责清理，批准机关负责检查督促。大行政区统计局应将全区清理结果于十一月底前报国家统计局备查。

（四）各省、市清理表格工作应在省、市人民政府领导下，由省、市统计局（处）拟定清理办法，分别由省、市一级各业务部门、各人民团体就其自行制定颁发的调查统计表格进行清理，于十月底前将初步清理结果报省、市统计局（处）审查后转报省、市人民政府作最后审定。其由省、市统计局（处）制定颁发或批准的统计表格，仍由原制定机关负责清理，批准机关负责检查督促。省、市统计局（处）应将全省、市清理结果，于十一月十五日前分报大行政区统计局及国家统计局备查。

（五）凡前经专署（盟）、县（市、旗）、镇、区、乡各级人民政府和人民团体所制定颁发的调查统计表格，应一律作废。其必须保留者，应报省、市统计局（处）审核批准。

（六）各级统计机关及各业务部门对上级统计机关及各业务部门所制定颁发的调查统计表格，在执行中如发现有困难时，应报上级要求清理。

（七）省、市及省、市以上各级统计机关及各业务部门所制定颁发的调查统计表格，凡经依法批准者，在未经清理作出最后决定前应继续有效。凡经清理后决定废止的表格，即由原制定机关通知填报单位及综合单位。

（八）在本指示颁发前，各大行政区，各省、市已经制定办法进行清理调查统计表格者，可按原办法继续进行，但应参考本指示精神作必要的补充规定。

与清理调查统计表格同时，各级政府及各业务部门必须重视调查统计工作，切实完成国家所规定的调查统计任务；防止因清理调查统计表格而可能发生对调查统计工作不重视，以及对国家所规定的调查统计任务抗拒应付等类偏向。今后为了有计划、有组织地进行调查统计工作，各级政府及各业务部门首长必须切实加强对调查统计工作的领导，认真地、逐步地建立科学的调查统计制度，并应教育干部认识统计工作的重要性和复杂性，及其对群众的影响，制订每一表格均必须从需要和可能两方面来认真研究，切忌草率从事，并责成国家统计局草拟“制定及审批调查统计报表暂行办法”，经本院批准后颁发试行，以便逐级管理，使乱发统计表格的事情今后不再发生。

30. 1955年国家经济建设公债条例

（1954年12月20日全国人民代表大会常务委员会第三次会议通过）

第一条　中华人民共和国国务院为加速国家经济建设，逐步提高人民物质和文化生活水平，促进人民节约储蓄，特发行1955年国家经济建设公债。

第二条　本公债的募集和还本付息，一律以人民币为计算单位。

第三条　本公债发行总额定为人民币六万亿元，于1955年1月开始发行，1955年10月1日起计息。提前交款的，按照规定利率贴息。

第四条　本公债债券面额分为壹万元，贰万元，伍万元，拾万元，伍拾万元和壹百万元六种。

第五条　本公债利率定为年息四厘，自1956年起，每年9月30日付息一次。

第六条　本公债本金分十年作十次偿还，自1956年起，每年9月30日抽签还本一次，第一、二、三、四次各抽还总额的5%，第五、六、七次各抽还总额的10%，第八、九次各抽还总额的15%，其余总额的20%于第十次还清。

第七条　本公债的发行和还本付息事宜，指定由中国人民银行及其所属机构办理。

第八条　本公债债券不得当作货币流通，不得向国家银行和公私合营银行抵押。

第九条　伪造本公债债券或破坏本公债的信用者，依法惩处。

第十条　本条例自1955年1月1日起施行。

31.政务院关于设立中国人民建设银行的决定

（1954年9月9日政务院第二百二十四次政务会议通过
1954年9月13日公布）

目前我国已进入有计划的经济建设时期，国家的基本建设投资逐年增加，为了保证基本建设资金的及时供应和监督资金的合理使用，促使各基建部门在按照国家规定的计划完成基本建设任务中，同时推行经济核算，降低工程成本，为国家节约建设资金，单独设立办理基本建设拨款监督的专业银行已有必要。兹特作如下决定：

一、在中央人民政府财政部系统内设立中国人民建设银行。

二、凡国家用于基本建设的预算拨款以及企业、机关等用于基本建设的自筹资金，均集中由中国人民建设银行根据国家批准的计划和预算监督拨付。

三、中国人民建设银行应根据国家批准的信贷计划，对国营及地方国营包工企业办理短期放款。

四、中国人民建设银行应负责办理基本建设拨款的结算业务。

五、中国人民建设银行应监督基本建设资金专款专用，并对建设单位和包工企业的资金运用、财务管理、成本核算以及投资计划完成情况等进行检查监督。

六、中国人民建设银行根据业务需要在全国各地设立分支机构；未设立机构地区的业务，得委托中国人民银行代理，或派员驻在人民银行办事。

七、关于中国人民建设银行的创设事宜，责成中央人民政府财政部办理。

32. 国务院关于发行1955年国家经济建设公债的指示

（1954年12月21日）

为了加速国家经济建设，逐步提高人民物质和文化生活水平，并促进人民节约储蓄，兹决定发行1955年国家经济建设公债。此项公债条例已提请全国人民代表大会常务委员会第三次会议通过，并已由主席公布。公债发行总额为人民币六万亿元，定于1955年1月开始发行，除分配给各地区的推销计划数字另由财政部通知外，兹对推销公债的有关问题，作如下指示：

（一）动员全国人民，拿出一部分多余的和可能节约的资金，认购公债，支援国家建设，是筹集社会主义工业化所需资金的重要的和经常的方法之一。1954年国家经济建设公债的推销数额，大大超过了计划。国家通过公债推销工作，不但集中了社会上的一部分多余的和可能节约的资金，供应了国家建设的需要；而且还对全国人民广泛地进行了一次爱国主义和我国在过渡时期的总任务的教育，进一步提高了他们对国家的社会主义建设的关怀和责任感，并鼓舞了他们在生产上和工作上的积极性。我国人民已经从实际生活中认识到，认购公债不仅在经济上具有储蓄的性质，而且在政治上也是一种爱国主义的表现。可以预期，1955年发行的国家经济建设公债，全国人民必将以更加热烈的心情，踊跃认购，以支援国家的建设。

（二）根据我国目前各阶层人民的经济能力，1955年国家经济建设公债，预定在职工中推销一万五千亿元，其中向工人、店员、政府机关、团体和文化教育工作人员推销一万四千亿元，部队干部推销一千亿元；在农村中推销一万八千亿元；在城市私营工商业（包括股东和资方代理人）、公私合营企业的私方及其他城市居民中推销二万七千亿元。

第一个五年建设计划执行两年以来，我国工农业生产不断增长，特别是工业生产有很大的发展，社会就业人员日益增多，人民生活逐步改善，人民的政治觉悟也大为提高，上述1955年公债发行数字，只要分配合理并做好公债推销的宣传动员工作，是一定能够完成，而且会超额完成的。

（三）1955年国家经济建设公债，规定自1955年1月起开始推销、认购和收款，到10月底结束。并自1955年10月1日起，计算公债利息。其提前缴款者仍采用贴息办法给以鼓励和照顾。

（四）在公债推销中，要贯彻合理分配、自愿、量力的原则。其推销方法：（1）对机关、企业、团体、学校的职工及部队干部，仍采取“一次认购、分期缴款”的方法，即一次认购后，由所在单位在其工资或津贴内分期代缴，自愿一次缴纳者亦可一次缴纳。认购阶段应于1955年3月底以前结束。为防止有些职工和部队干部认购过多，致影响日常生活，规定职工和部队干部每人认购数额一般以不超过一个月的工资或津贴费的50%为限。（2）在农村中推销公债，采取合理分配与自愿认购相结合的方法，即按各个地区农村的经济情况，合理分配推销数字，由农民自愿认购。公债缴款一般可采取“随认购、随缴款”的方法。具体推销和缴款时间的安排，由各省、市人民政府在公债发行期限内自行确定。（3）对私营工商业、公私合营企业的私方及其他城市居民，仍采取一次认购后，一次缴清或分期缴纳的方法。认购阶段应于1955年3月底以前结束。对于工商业户的公债缴款时间，各地应与征收所得税的时间一并考虑作适当安排，以照顾其缴款的便利。

（五）全国公债的推销工作，责成财政部负责办理。为了胜利完成推销工作，各地仍须按照1954年推销公债工作的规定，组织各级公债推销委员会，由当地人民政府指定专人负责，并须组织办公室，办理推销和督促公债收款的具体事务。各级公债推销委员会必须负责全部完成公债推销工作，不得中途撤销或放松。

（六）各级人民政府必须重视对这一工作的领导。做好推销公债工作的关键是向人民群众进行深入的宣传教育工作，依据四年来国家发行公债在人民中所树立的良好信誉，反复宣传发行公债对国家和人民的好处，号召和动员人民自觉自愿地踊跃认购和缴款。各地应当很好总结和充分运用1954年推销公债的经验，发扬优点，改正缺点，改进工作。在公债推销工作中，必须首先注意防止和纠正那种满足于1954年超额完成公债推销工作的成绩，而对新的公债推销工作放松领导，忽视宣传教育，放任自流等偏向的产生；同时必须贯彻民主协商的精神，坚持自愿、量力的原则，对无力购买公债的工人、农民、公教人员、部队干部和其他各界人民都不许强令购买，坚决防止强迫命令的做法。在推销和组织收款期间，要注意组织有关经济部门根据市场情况，在工作上密切配合，保证货币流通和物价的正常。

我们相信，当国家经济建设日益发展、人民物质和文化生活水平逐步上升、人民政治觉悟普遍提高的情况下，只要各级领导重视，加强宣传和组织工作，1955年公债的发行是应该而且能够比1954年做得更好的。

33.残缺人民币兑换办法

（1955年5月8日中国人民银行发布）

第一条 为保护国家货币和人民利益，便利流通，特制定本办法。

第二条 凡残缺人民币属于下列情形之一者，应持向中国人民银行照全额兑换：

（一）票面残缺不超过五分之一，其余部分的图案、文字，能照原样连接者；

（二）票面污损、熏焦、水湿、油浸、变色，但能辨别真假，票面完整或残缺不超过五分之一，其余部分的图案、文字，能照原样连接者。

第三条 票面残缺五分之一以上至二分之一，其余部分的图案、文字，能照原样连接者，应持向中国人民银行照原票面额半数兑换，但不得流通使用。

第四条 凡残缺人民币属于下列情形之一者，不予兑换：

（一）票面残缺二分之一以上者；

（二）票面污损、熏焦、水湿、油浸、变色，不能辨别真假者；

（三）故意挖补、涂改、剪贴拼凑、揭去一面者。

不予兑换的残缺人民币，由中国人民银行打洞作废，不得流通使用。

第五条 本办法自发布之日起施行。

34.国家公债债券残破污损兑付处理办法

（1955年5月18日财政部发布）

一、中华人民共和国所发行的各种公债债券，如果因为持券人保管不慎，使债券发生残破污损，持券人在中签或者到期持向中国人民银行兑取本息的时候，依照本办法处理。

二、债券（不包括息票，以下相同）合于下列条件之一并且能够鉴别确属真券的，可以按照债券票面金额兑付：

（一）债券虽有磨破、折裂、鼠咬、虫蚀、火烧、熏焦、水渍、油浸和其他不是出于故意造成的残破污损现象，其留存部分够原券二分之一并且号码完整无缺的；

（二）残破污损的债券，号码不完全或完全失掉号码，其留存部分超过原券二分之一的。

三、合于兑付条件的债券，所附的残破息票，其留存部分够二分之一的，应当依照公债还本付息处理手续的规定，照票面金额兑付。不够二分之一的不予兑付。

四、合于兑付条件的债券，如果能够鉴别中签号码，应当依照公债还本付息处理手续的规定兑付本息；如果因为缺少末尾两位号码或没有号码，除附有息票的可将到期利息照付外，其债券本金须待末期（就是最后一年）还本的时候兑付。

五、债券具有下列任何一项情形的，一律不予兑付：

（一）残破污损的债券，不合本办法第二条各项规定的；

（二）残破污损的债券，无法鉴别是否确属真券的；

（三）因为故意涂改、挖补、拼凑，使债券残破污损的。

六、不合于兑付条件的债券，所附的息票一律不予兑付。

七、不予兑付的债券和所附带的息票，一律由中国人民银行开给收据，无偿收回，并在票面上加盖“作废”戳记，予以作废。

八、本办法自发布之日起实施。

35. 中华人民共和国国家计划委员会暂行工作条例

（1955年10月26日国务院常务会议批准）

第一条 国家计划委员会是国务院在国民经济计划工作方面的职能机构，在国务院领导下进行以下主要工作：

（一）根据国家过渡时期总任务和国务院的指示，在国务院各部、各委员会和各省、自治区、直辖市编制的国民经济计划草案的基础上，按照需要与可能和积极平衡的原则，综合编制长期的和年度的国民经济发展计划草案。

（二）审查国务院各部、各委员会和各省、自治区、直辖市的国民经济计划草案，并向国务院提出审查意见。

（三）检查各部门、各地区计划执行情况，并向国务院提出保证完成计划的各种措施的建议。

（四）编制主要生产资料的分配计划草案和国家物资储备计划草案，报请国务院批准。

（五）编制长期的、年度的综合财政计划草案，审查财政部的年度国家预算、各国民经济部门财务计划、国家银行季度信贷计划和现金计划，并向国务院提出审查意见。

（六）拟定编制国民经济计划的计划方法，计划表格和计划审批程序以及有关编制计划的各种规定。

（七）研究国民经济计划中的重大问题并及时提出建议。办理国务院交办的有关国民经济计划工作方面的事项。

第二条 国家计划委员会在上述工作中必须注意下列原则：

（一）使国民经济计划符合客观经济情况和国家过渡时期的总任务以及当前国家各项政策的要求，以不断提高生产力，增强国防力量，逐步改善人民的物质生活和文化生活。

（二）在综合平衡的基础上使整个国民经济各方面按比例的发展——使工业与农业、生产资料与消费资料、各工业部门之间、工业、农业与运输业、生产与供应、生产与消费、建设与财政、建设与物质资源、消费与积累等方面地平衡发展，货币流通和商品流通相适应。

（三）在优先发展社会主义经济，保证社会主义经济成份不断增长和加强国营经济领导地位的前提下，根据全国平衡，全面平衡的原则，统筹安排国民经济的发展和改造，使整个国民经济协调地发展。

（四）根据经济、合理与国防安全的原则，正确地分布生产力：尽量使新建工业企业分布在安全地区并照顾到靠近原料产地和消费地区，减少不合理运输；适当地规划建设规模，注意大、中、小企业的结合；适当地规定城市的发展规模，城市建设规模不要过分集中，也不要过分分散。

（五）合理地分配劳动力和专门人才，在发展生产提高劳动生产率的基础上，适当地提高工资福利。

（六）合理地利用国家资源和节约资源，并注意新资源的不断发现。

（七）使国营经济的直接计划与非社会主义经济的间接计划，中央各部计划与各地区计划，新建企业与原有企业、地区之间的计划相互结合起来，避免发生脱节和抵触现象。

（八）在计划工作中，应努力挖掘潜在力量并使计划符合实际，避免保守和冒进，力求计划积极可靠。

第三条 国家计划委员会由主任一人，副主任、委员各若干人组成。主任主持全会工作，副主任协助主任工作。

第四条 国家计划委员会暂设下列工作部门：

办公厅，

主任办公室，

国民经济综合计划局，

国民经济长期计划局，

工业生产综合计划局，

基本建设综合计划局，

重工业计划局，

燃料工业计划局，

机械工业计划局，

第二机械工业计划局，

轻工业计划局，

农林水利计划局，

交通运输计划局，

商业计划局，

对外贸易计划局，

劳动工资计划局，

成本物价计划局，

财政金融计划局，

物资分配计划局，

机电设备分配计划局，

干部培养与分配计划局，

文教卫生计划局，

研究编辑室。

上述部门的增减或合并，由国务院批准。

国家物资储备局暂归国家计划委员会领导。

第五条　国家计划委员会的一切重大工作问题，在主任主持下召集委员会议进行讨论。

第六条　国家计划委员会对国务院各部、各委员会的计划部门和各省、自治区、直辖市的计划部门应负责计划方法的指导，并在本部门的业务范围内，根据法律、法令和国务院的决议、命令，可以发布指示。

第七条 为讨论国民经济计划或计划执行中的重大问题，国家计划委员会可召集综合性的或专业性的计划会议，也可邀请有关部门的人员进行专门问题的研究。

第八条 国家计划委员会编制国民经济计划草案所需的一切实际统计数字，应向国家统计局提出要求，由国家统计局供给。计划变更时，国家计划委员会应随时抄告国家统计局。

第九条 为使国家计划委员会了解情况，掌握实际资料，国务院各办、各部、各委员会和各省、自治区、直辖市以及相当于部、会一级的其他机构的重要文件、有关经济的资料，都应当及时抄送国家计划委员会，同时国家计划委员会各局可向有关部、会索取资料；国务院各办公室、各部、各委员会的重要会议，国家计划委员会有关的各局局长、副局长等可以列席。

国家计划委员会召开的重要会议应通知各有关部门参加，国家计划委员会所发的重要文件，也应当抄致有关部门。

国家计划委员会应与国务院各办公室密切协作，凡计划工作应以国家计划委员会为主，由国务院各办公室协助办理；凡行政工作应以国务院各办公室为主，由国家计划委员会协助办理。

在计划已经国务院批准之后，凡关系到全国平衡的重大措施，应以国家计划委员会为主，由国务院各办公室协助办理；凡是在已定计划范围之内并为保证计划实现的重大措施，应以国务院各办公室为主，由国家计划委员会协助办理。

第十条 在国家计划委员会编制国民经济计划草案过程中，国务院各办公室应大力参与，并对各部门的计划及时提出意见。国务院各部、各委员会、各办公室对计划草案指标与国家计划委员会有不同意见时，国家计划委员会应提出意见上报国务院决定。

第十一条 国民经济计划修改与设计任务书的审批办法另行规定。

第十二条 本暂行条例经国务院批准发布施行，国家计划委员会各局工作细则由国家计划委员会另行制定，并报国务院备案。

36. 基本建设工程设计任务书审查批准暂行办法

（1955年11月2日国务院常务会议通过　1955年11月19日国务院发布）

（一）凡国营、地方国营和公私合营的基本建设工程，其设计任务书的审查和批准，都要按本办法办理。

（二）设计任务书应该根据发展国民经济的长远计划提出，它的作用是作为编制初步设计的依据。

（三）设计任务书的内容应该简要明确。工业及民用建设工程的设计任务书的内容按照"工业及民用建设设计及预算编制暂行办法（草案）"第二章的规定。铁路、公路、航运、邮电、水利、农业、林业、城市公用事业等基本建设工程设计任务书的内容，由国务院主管该项事业的部（包括各委员会及国务院直属机构，下同）统一规定。委托国外设计的基本建设工程，它的设计任务书的内容按照国外设计组的建议确定。

（四）设计任务书的审查和批准权限：

1. 各部管理的限额以上和委托国外设计的基本建设工程的设计任务书，由国务院各部审查并提出审查意见送国家计划委员会。国家计划委员会会同国务院有关办公室审查后，连同审查意见报送国务院批准。

2. 各省（包括自治区、直辖市，下同）管理的限额以上和委托国外设计的基本建设工程的设计任务书，由各省人民委员会审查并提出审查意见送国务院主管该项事业的部（地方工业抄送地方工业部或第三机械工业部，下同）和国家计划委员会。国务院主管该项事业的部会同国家计划委员会审查后，连同审查意见报送国务院批准。

3. 由国务院批准的设计任务会，如认为必要的时候，国务院得分别授权国家计划委员会、各部、各省人民委员会批准。

4. 国家计划委员会规定的限额以下丙类基本建设工程的设计任务书，属国务院各部管理的由各部审查批准，属各省管理的由省人民委员会审查批准；但地方工业的丙类基本建设工程的设计任务书应当分别由地方工业部和第三机械工业部审查批准。

5. 国家计划委员会规定的限额以下丁类基本建设工程的设计任务书的审查和批准权限，由各部、各省人民委员会自行规定。

6. 由各部管理的限额以下基本建设工程的设计任务书，如认为必要的时候，各部在取得各省同意后，可以委托省人民委员会审查批准。由各省管理的限额以下基本建设工程的设计任务书，如认为必要的时候，各省在取得国务院主管该项事业的部同意后，可以委托国务院主管该项事业的部审查批准。

（五）国务院授权国家计划委员会、各部、各省人民委员会批准的设计任务书，须于批准后七天内连同批准文件报送国务院一份备查；各部、各省人民委员会于报国务院的同时，应该抄送国家计划委员会一份；各省于抄送国家计划委员会的同时，应该抄送国务院主管该项事业的部一份。

各部、各省人民委员会审查批准的丙类基本建设工程的设计任务书，须于批准后七天内连同批准文件抄送国家计划委员会一份；各省于抄送国家计划委员会的同时，应该抄送国务院主管该项事业的部一份。

（六）各部和国家计划委员会对本办法（五）条抄送备查的设计任务书如有不同意见，应该于收到基本建设工程的设计任务书后的二十天内提出书面意见报送国务院。

（七）本办法所称限额，系指国家计划委员会所规定的基本建设投资限额。

（八）按照“基本建设工程设计和预算文件审核批准暂行办法”应该经国家建设委员会审查设计文件的基本建设工程，其设计任务书经批准机关批准后应该抄送国家建设委员会一份。

（九）各部、国家计划委员会和各省人民委员会在审查设计任务书的时候，可以邀请有关部门派人参加。

（十）设计任务书的批准机关（包括被授权批准和被委托批准的机关，下同）在收到设计任务书及审查报告后，应该争取尽速审查批准。

（十一）批准机关于批准设计任务书的时候应该有批准文件。

（十二）设计任务书于批准后，如必需变更的时候，应该经原批准机关同意。

（十三）设计任务书审查批准的细则另定。

（十四）本办法发布后，凡过去颁布的办法或规定与本办法有抵触的，一律以本办法为准。

（十五）本办法从发布日起实行。

37. 1954年和1955年国家经济建设公债还本付息办法

（1955年7月29日财政部发布）

一、本办法根据1954年和1955年国家经济建设公债条例第五、六、七条规定制定。

二、1954年国家经济建设公债本金自1955年起至1962年止分八年作八次偿还；1955年国家经济建设公债本金自1956年起至1965年止分十年作十次偿还。除最后一年对应还本金数额不举行抽签全部偿还外，其余均按年抽签还本一次。每次抽签，定于每年8月10日在北京举行，邀请各界代表到场监督，以债券号码末尾两字与抽出签枝的号码相同的为中签债券。

三、两种公债都委托中国人民银行办理还本和付息事宜。中签债券一律以中华人民共和国财政部每次通告的中签债券号码为准。

四、两种公债本息票面额均系旧币，在偿还本息时，应根据中华人民共和国国务院规定每一万元折算新币一元的比值兑付。

五、两种公债在还本年限内，每年9月30日至12月31日为兑付本息期，由各地中国人民银行验券兑付。为照顾持券人的利益，在兑付期内，应兑未取的本息，可在下次兑付期内领取。对未领取各次本息的，在最后一年再延长兑付期九个月（即1954年公债至1963年9月30日为止；1955年公债至1966年9月30日为止）。延期届满时如再不领取，债权即失时效，不予兑付。

六、每次中签应当还本的债券，到期如不领取本金的，其本金仍按原定利率计付利息，直到领取时为止。

七、每年应付本息，持券人凭券向各地中国人民银行领取。到期利息，概凭债券上附带的息票兑付，但须将全张债券交银行查验剪兑，持券人自行剪裁的，不予兑付。

八、残破污损债券的兑付，按照“国家公债债券残破污损兑付处理办法”的规定办理。

九、两种公债的偿还本息，概凭债券兑付，不予挂失。

十、两种公债都免征利息所得税。

38. 1956年国家经济建设公债条例

（1955年11月10日全国人民代表大会常务委员会第二十六次会议通过）

第一条 中华人民共和国国务院为加速国家经济建设，逐步提高人民物质和文化生活水平，促进人民节约储蓄，特发行1956年国家经济建设公债。

第二条 本公债的募集和还本付息，一律以人民币为计算单位。

第三条 本公债发行总额定为人民币六亿元，于1956年1月开始发行，1956年10月1日起计息。提前交款的，按照规定利率贴息。

第四条 本公债债券面额分为壹元、贰元、伍元、拾元、伍拾元和壹百元六种。

第五种 本公债利率定为年息四厘，自1957年起，每年9月30日付息一次。

第六条 本公债本金分十年作十次偿还，自1957年起，每年9月30日抽签还本一次。第一、二、三、四次各抽还总额的5%，第五、六、七次各抽还总额的10%，第八、九次各抽还总额的15%，其余总额的20%于第十次还清。

第七条 本公债的发行和还本付息事宜，指定由中国人民银行及其所属机构办理。

第八条 本公债债券不得当作货币流通，不得向国家银行和公私合营银行抵押。

第九条 伪造本公债债券或破坏本公债的信用者，依法惩处。

第十条 本条例自1956年1月1日起施行。

39. 中国农业银行办理农业生产合作社贷款暂行办法

（1955年10月5日）

一、本行对农业生产合作社直接举办三种贷款：

（一）基本建设贷款——用途限于帮助农业生产合作社解决基本建设所需资金的困难。基本建设费用项目应包括从社外购置耕畜、种畜、农具、副业工具、树苗等固定财产及兴修小型农田水利等工程和移民开荒等材料费用。

（二）生产费用贷款——用途限于帮助农业生产合作社解决当年生产周转所需资金的困难。如购买种籽、肥料、饲料、饲草、农药、副业原料等费用。

以上两项贷款，应在农业生产合作社充分使用社内公有资金和发动社员向社投资以后资金仍感不足时，或因遭受自然灾害而发生困难时贷放。

（三）贫农合作基金贷款——用途仅限于帮助那些确实无力交清股份基金的贫苦社员交清股份基金。

二、基本建设贷款的归还期限一般不超过三年，兴修水利、购置大型农具等重大建设的贷款可以延长到五年。贷款数额一般不超过归还期限内各社历年所积累的公积金数。

三、生产费用贷款，还清期限不超过一年，数量在建社第一年一般不超过所需要生产费用基金的20%，从建社第二年起不超过10%，遇到意外灾害，可以酌情增加。

四、贫农合作基金贷款，还清期限是五年，从第三年起开始归还。数量按照应摊股份基金多少和社员的经济状况决定，多缺者多贷，少缺者少贷，不缺者不贷。对各社发放贷款时间必须在评好社员股份基金之后。

上述三项贷款利率，均按中国人民银行规定利率办理。

五、遇到重大灾荒，按期归还贷款确有困难的，本行可根据实际情况酌予延长贷款期限。

六、农业生产合作社向本行申请借款，应当提出借款计划，说明借款金额、用途及归还期限，分期归还的应当说明什么时候各归还多少，所提出的借款计划，事先要经过社员大会或社员代表大会讨论通过。

贫农合作基金贷款由社员本人申请，本人归还，但农业生产合作社可以统一代办申请借贷和偿还的手续。

七、农业生产合作社的各种贷款应确实按照贷款申请书所列计划运用，不得虚报冒领或挪用，也不得随意浪费。发现有上述情节，本行可以追回贷款，如果因为情况变化，贷款需要变更用途，应事先申请本行审查同意。

八、本行或接受本行委托贷款的信用合作社，有监督和检查农业生产合作社使用贷款的权利。使用贷款如有不当，经提出后，农业生产合作社应即改正。

40.监察部关于监督检查发行新的人民币和收回现行的人民币工作的指示

（1955年2月23日）

国务院命令从本年3月1日起在全国范围内发行新的人民币（以下简称新币），以收回现行的人民币（以下简称旧币）。这是关系全国人民经济生活的一件大事，是一件极为繁重、细致的工作；各地在贯彻执行中稍有疏忽，即会造成国家和人民的损失。各级监察机关应积极配合有关单位组织力量，对新币的发行和旧币的收回、销毁工作进行监督和检查，以保证这一工作的顺利进行。兹将监督检查的要点指示如下：

一、根据中国人民银行总行“对全行监察室监督检查发行新币工作指示”指导银行系统监察室贯彻执行，并于3月份开始着重检查银行工作人员在收兑工作中，是否认真按照上级规定对收兑的旧币进行清点、复点以及打洞、切角、封包等措施；是否注意防止兑入假币；对旧币是否严格遵守只收回不付出的规定；账务手续是否清楚，有无贪污、舞弊等情形。

二、配合有关部门监督检查银行销毁旧币工作。检查销毁地点的设置和措施是否安全，复查或抽查销毁之数额是否相符；并严格监督其彻底销毁，以免发生贪污、盗窃或因销毁时不慎而引起火灾等事故。

三、监督检查国营商业、合作社在发行新币和收回旧币过程的物资供应是否充实与及时；有无违反上级关于不得在发行新币的同时调高物价和对旧币只收不付的规定。

四、监督检查国家机关工作人员有无违反国务院关于发行新的人民币和收回现行的人民币的命令的行为。

以上指示，各省、市监委可根据本省、市情况加以研究，具体布置。在检查中发现有未贯彻政府命令或贪污、盗窃等事件时，应及时研究处理或提出意见报请当地党、政领导机关处理。

各省、市监委在研究布置后，应将此一工作进行情况向本部作一次报告；工作结束后，应写一专题报告。在工作进行中，发现重大问题和重要情况时，则须随时报部。

41.国务院关于发行新的人民币和收回现行的人民币的命令

（1955年2月21日）

为适应国家计划经济建设的需要和广大人民的愿望，在财政收支平衡和金融物价稳定的基础上，进一步健全和巩固我国的货币制度，以便利交易和核算，现决定：

一、责成中国人民银行自1955年3月1日起发行新的人民币（以下简称新币），以收回现行的人民币（以下简称旧币）。新币面额，主币分为1元、2元、3元、5元、10元5种，辅币分为1分、2分、5分、1角、2角、5角6种。每种券别版面均印有汉、藏、蒙、维吾尔4种文字。

二、新旧币的折合比率，定为新币1元等于旧币1万元。自新币发行之日起，凡机关、团体、企业和个人的一切货币收付、交易计价、契约、合同、单据、凭证、账簿记载及国际间的清算等，均以新币为计算单位；所有在新币发行前的一切债权债务，包括国家公债在内，亦自同一日起，按法定比率折合新币计算和清偿。

三、所有旧币均由中国人民银行按法定比率全部收回。凡持有旧币者，自新币发行之日起，均可到中国人民银行或其代理兑换机构，按法定比率兑换新币。在兑换期间，旧币仍得按法定比率折合新币与新币同时流通。票面1万元、5万元的两种旧币截至1955年4月1日停止在市场上流通使用，但在4月30日前仍可到中国人民银行或其代理兑换机构，按法定比率兑换新币，从1955年5月1日起中国人民银行停止收兑。票面5千元及5千元以下各种旧币停止流通使用的时间，由中国人民银行视收兑情形另行适当规定。

四、凡伪造或行使假钞者，依照妨害国家货币治罪暂行条例治罪。凡借发行新币进行投机或经营兑换新旧币从中渔利者，依法严惩。全国人民都可向当地人民委员会检举以上各项违法行为。

42.国务院关于发布“基本建设工程设计和预算文件审核批准暂行办法”的通知

（1955年7月12日）

按照程序严格审核批准基本建设工程设计和预算文件，是国家统一管理基本建设工作、保证工程质量、节省建设资金、避免浪费现象的一项重要制度。为明确各级审核批准机关的职权范围和审核批准工作的程序，现制定“基本建设工程设计和预算文件审核批准暂行办法”，希国务院各部、委，各省、自治区、直辖市和国务院各直属机构遵照执行。本办法发布后，凡有关基本建设工程设计和预算文件的审核批准事项，均按照本办法办理。

基本建设工程设计和预算文件审核批准暂行办法

（1955年7月8日国务院常务会议通过　1955年7月12日国务院发布）

第一条　凡国家投资的基本建设工程和公私合营企业的基本建设工程的设计及预算文件的审核和批准，均按本暂行办法办理。

第二条　现规定须经审核和批准的基本建设工程设计及预算文件如下：

（一）凡设计工作按初步设计、技术设计、施工图三阶段进行时，为初步设计及总概算、技术设计及总预算；

（二）凡设计工作按初步设计、施工图两阶段进行时，为初步设计及总概算。施工图由编制施工图的设计机构或由设备、金属结构承造工厂完全负责，不必经过批准，但施工图送交施工现场时，须经建设单位的技术负责人签署。

第三条　总概算金额在下列限额以上的基本建设工程的初步设

计及总概算，由国家建设委员会审核，国务院批准：

（一）国务院各部（包括国务院直属机构，下同）管理的冶金工业及铁路运输事业——三、〇〇〇万元；

（二）国务院各部管理的机械工业、煤炭开采工业、石油工业、化学工业、建筑材料工业、动力工程、海运及水利事业——二、〇〇〇万元；

（三）国务院各部管理的其他工业、农业、林业、河运、邮电及公路运输事业——一、〇〇〇万元；

（四）省、自治区、直辖市管理的工业、动力工程、农业、林业、水利、邮电及交通运输事业——五〇〇万元；

（五）国务院各部，省、自治区、直辖市管理的行政用房屋、住宅、文化福利设施、商业企业、城市公用事业及其他基本建设工程——五〇〇万元。

第四条　委托国外设计的和经国务院特别指定的基本建设工程的初步设计及总概算，由国家建设委员会审核，国务院批准。

第五条　经国务院特别指定的重要基本建设工程的技术设计及总预算，由国家建设委员会审核，国务院批准。

第六条　第三条、第四条规定的基本建设工程的技术设计及总预算，以及总概算金额在第三条规定限额以下而在下列限额以上的基本建设工程的初步设计及总概算、技术设计及总预算，由国务院各部或各省、自治区、直辖市人民委员会审核批准（国务院直属机构所属符合本条规定范围的，应由国务院机关事务管理局审核，国务院批准）：

（一）国务院各部管理的冶金工业及铁路运输事业——三〇〇万元；

（二）国务院各部管理的机械工业、煤炭开采工业、石油工业、化学工业、建筑材料工业、动力工程、海运及水利事业——二〇〇万元；

（三）国务院各部管理的其他工业、农业、林业、河运、邮电及公路运输事业——一〇〇万元；

（四）省、自治区、直辖市管理的工业、动力工程、农业、林业、水利及交通运输事业——八〇万元；

（五）国务院各部，省、自治区、直辖市管理的行政用房屋、住宅、文化福利设施、商业企业、城市公用事业及其他基本建设工程——六〇万元。

第七条 总概算金额不满第六条所规定的限额的基本建设工程，其初步设计及总概算、技术设计及总预算的审核和批准程序，可分别由国务院各部，各省、自治区、直辖市人民委员会自行规定。国务院直属机构所属符合本条规定范围的，统由国务院机关事务管理局审核和批准。

第八条 标准设计应根据标准设计计划或国务院的有关决议进行审核和批准。

第九条 初步设计应根据批准的设计任务书进行编制。未经设计任务书批准机关的同意，不得违反设计任务书规定的内容或增加新的建设工程。

第十条 未经初步设计批准机关的同意，在技术设计及总预算中，不得违反初步设计的原则规定或增加建设总费用。

第十一条 国家建设委员会，国务院各部，各省、自治区、直辖市人民委员会，应设置审核基本建设工程设计及预算文件的工作机构。

国家建设委员会审核基本建设工程设计及预算文件的工作机构，可以邀请国民经济各部门、高等学校、科学研究机关等有关单位的专家，对设计及预算文件进行鉴定。

国务院各部和各省、自治区、直辖市审核基本建设工程设计及预算文件的工作机构，可以邀请本部门或本省、自治区、直辖市范围内的专家，对设计及预算文件进行鉴定，必要时并可以邀请其他部门的专家参加。

各级审核基本建设工程设计及预算文件的工作机构对所审核的设计及预算文件，须提出审核意见书。在审核意见书中，应包括设计的简要内容、下一设计阶段须加考虑的意见、对设计及预算文件的评价和批准的建议。

第十二条 国务院各部所属管理局，各省、自治区、直辖市所属的厅（局）和企业，由领导基本建设的机构组织对设计及预算文件的审核，不另设专门的机构。

第十三条 报送基本建设工程设计及预算文件时，应遵守下列规定：

（一）报送初步设计时，应提交设计任务书的批准文件，并同时提交按规定程序取得的设计协议文件、业经批准的矿产储量文件及按规定格式编制的初步设计登计卡片。

（二）报送技术设计时，应提交初步设计的批准书及按规定格式编制的技术设计登记卡片。

（三）设计及预算文件应一次报送；未经批准机关许可，不得分批报送。

第十四条 国务院各部和各省、自治区、直辖市自收到基本建设工程设计及预算文件之日起，在下列期限内审核完毕：

（一）初步设计及总概算不超过三十天。

（二）技术设计及总预算不超过四十五天。

第十五条 批准机关对批准的基本建设工程设计及预算文件，应签发正式的批准书。

第十六条 批准机关和建设单位应保存批准的基本建设工程设计及预算文件、审核意见书及批准书各一份。

国务院各部或各省、自治区、直辖市应保存一份经国务院批准的有关基本建设工程设计及预算文件。

在基本建设工程设计及预算文件（总平面图、说明书、设计文件目录表、总概算书及总预算书、单位估价目录表）上应由保存机关注明批准书的文号及批准日期，并须由注明人签字盖章。

43. 国务院关于检查第一个五年计划执行情况的几项规定

（1956年6月1日国务院常务会议通过）

我国发展国民经济的第一个五年计划，经1955年7月全国人民代表大会第二次会议通过后，已由国务院分别下达各部、会、局、院、行、社和各省、自治区、直辖市人民委员会执行。目前为提前完成和超额完成我国第一个五年计划的伟大的群众运动，正在全国范围内热烈地开展，已经取得了并且将要继续取得重大的胜利。中央和地方的各机关也正在加强对五年计划执行情况的检查工作，充分动员群众力量，发掘生产潜力，推广先进经验，不断克服不平衡现象。这种社会主义的群众性的生产运动和加强对五年计划执行情况的检查工作，是保证胜利完成五年计划的重要条件。因此，亟须有一个全国统一的检查标准和检查方法，以期进一步加强对五年计划执行情况的检查工作，改进和提高工作质量，促进和发挥广大群众的积极性和创造性，加快社会主义建设的速度，并且防止和及时纠正可能发生的只注意数量忽略质量和品种规格，只能一时突击不能均衡地完成计划，以及做假报告、虚报成绩、骗取奖金或荣誉等等片面现象和虚假现象，以保证均衡地、全面地完成五年计划。

现在将检查标准和检查方法具体规定如下：

（一）关于全面完成第一个五年计划的含义

第一个五年计划的全面完成应该从下列两方面衡量：

（1）五年计划规定的国民经济各部门的计划（包括工业、农业、运输业、商业、文教等）和各地区的计划，都应该完成。

（2）五年计划规定的国民经济各部门的数量指标计划（如总产

值、产品产量、货物运输量、商品销售量、毕业生数等等）和质量指标计划（如产品质量标准、新种类产品、主要技术经济定额、劳动生产率、成本等等），都应该同时完成。

检查五年计划指标的完成情况必须与各个年度计划完成的情况相结合；同时，国家计划委员会在进行五年计划总结时，必须将达到的水平同五年合计总量结合起来，进行分析。

（二）关于检查第一个五年计划的根据

（1）检查全国第一个五年计划的执行情况，以1955年7月30日第一届全国人民代表大会第二次会议通过的“中华人民共和国发展国民经济的第一个五年计划（1953—1957）”为根据。

（2）检查各部、会、局、院、行、社和各省、自治区、直辖市人民委员会执行五年计划的情况，以国务院根据上述全国五年计划下达给各该机关的五年计划为根据。以上计划经国务院批准变更者，以批准变更后的计划为根据。

（三）关于检查第一个五年计划的标准

（1）检查各种计划的具体标准分为两类：

第一类：在五年计划中以最后一年的年计划水平表现的计划，如：工业生产计划、农业生产计划、气象事业计划、运输和邮电计划、国内商业计划、劳动工资计划、成本（流通费）计划，科学、文化、卫生、广播、体育、在校学生数和城市公用事业计划等，即以五年计划中最后一年的年水平为主要检查标准。国家计划委员会进行五年计划总结时，必须将五个年度合计数字进行综合分析。

第二类：在五年计划中以五年合计数表现的计划，如：基本建设计划、地质勘探计划、造林计划、对外贸易计划、招生和毕业生计划和干部培养计划等，即以五年合计数为主要检查标准。国家计划委员会进行五年计划总结时，必须将分年数字进行分析。

（2）总结国民经济各部门和文化教育事业各部门的五年计划时，应该根据国家下达的指标和全面检查的材料，加以综合评价；但在计算五年计划中的某一部分计划提前完成时，由于每一个部门的计划包含许多指标（如工业部门的生产计划、质量计划、新种类产品计划、成本计划、劳动工资计划等），各种指标完成的时间有所不同，因此，应该以代表该单位的综合指标或主要指标的完成情况为标准。例如总结五年工业生产计划时，应该检查总产值、产品产量、质量品种、新种类产品、主要技术经济定额、劳动、工资和成本等计划；但在计算提前完成五年工业计划的情况时则以总产值、合乎质量标准的主要产品产量的完成情况为标准。再如总结五年基本建设计划时，应该检查投资额、重大建设单位、工程质量、动用的生产能力或工程效益、增加的固定资产和劳动、工资、成本等计划；但在计算提前完成五年基本建设计划的情况时，则以投资额、合乎工程质量标准的动用的生产能力或工程效益的完成情况为标准。

检查以价格表现的五年计划的主要指标（如工、农业总产值、社会商业零售额、基本建设投资额）时，如五年计划原规定是按不变价格计算的，即按不变价格计算检查；如原规定是按现行价格计算的，即按五年计划执行期中的现行价格计算检查。

（四）关于检查第一个五年计划完成的计算方法

（1）总结全部五年计划的计算方法：

总结全部（全国的计划、一个部的全部计划、一个省的全部计划、一个企业的全部计划）五年计划完成情况，就是计算自1953年1月1日起至1957年12月31日止，完成程度如何，这是检查五年计划的主要的基本的方法。其计算方法如下：

各种计划中以五年计划的最后一个年度的年计划水平为检查标准的，应该以最后一年计划执行的实际结果和五年计划原规定的计划水平相比较：不及计划水平的，即为未完成五年计划；达到或超过计划水平的，即为完成或超额完成五年计划。

各种计划以五年计划中的五年合计数为检查标准的，应该以各个年度计划执行的实绩数字的合计数和五年计划原规定的合计数相比较：不及的，即为未完成五年计划；达到或超过的，即为完成或超额完成五年计划。

完成、超额完成或未完成计划的程度，可以用百分比表示，并应根据计划指标的不同性质和计划执行中各种有关因素，进行具体分析，以求正确地计算计划完成的程度和说明计划执行的情况。

（2）提前完成五年计划中的一部分计划的计算方法：

在五年计划执行过程中，可能有一个部分或几个部分或若干重要指标提前达到五年计划规定的水平或程度，这是检查五年计划的次要的辅助的方法。其计算方法如下：

对于以五年计划中最后一年水平为检查标准的第一类计划：

工业生产计划：工业总产值和合乎质量标准的产品产量计划，一般地可以从五年计划的第三个或第四个年度内的某一月份起，按生产时间的推移，连续计算12个月的计划完成实绩，如此项实绩已经达到五年计划最后一年的计划水平，即作为提前完成五年计划，其余至1957年年底的时间，即算作提前完成计划的时间（例如1956年7月1日至1957年6月30日止12个月的实绩，达到了五年计划最后一年的计划水平，即为提前6个月完成了五年计划）。

农业生产计划：农业总产值和主要产品产量计划，一般以五年计划时期内的第三个年度或第四个年度内的实绩和五年计划最后一年的计划水平比较，如此项实绩达到了五年计划最后一年的计划水平，即为提前完成了五年计划，其余至1957年年底的时间，即为提前完成五年计划的时间（例如1956年度内达到五年计划规定的1957年的水平，即为提前一年完成了五年计划）。

运输计划：货运和客运量、货物和旅客周转量计划，一般适用上述工业生产计划计算方法的规定。

商业计划：购销计划和社会商业零售计划，可按照工业生产计划提前完成的计算方法，计算提前完成五年计划的时间。

科学、文化、卫生、广播、体育事业等计划：其主要指标在第四个年度或1957年年底以前达到五年计划规定的1957年达到数，即为提前完成了五年计划，其余至1957年年底的时间，即为提前完成五年计划的时间。

对于以五年计划中的五年合计数为检查标准的第二类计划：

基本建设计划：基本建设投资额、合乎工程质量标准的动用的生产能力或工程效益、动用的固定资产计划，一般以五年计划的第一个年度起至第四或第五个年度内的某一月实绩达到的合计数，达到了五年计划规定的水平，即为提前完成了五年计划，其余至1957年年底的时间，即为提前完成五年计划的时间。

教育事业计划：新招生和毕业生的五年合计数，在五年计划的第三或第四个年度达到了计划数，即为提前二年或一年完成计划。

其余各种计划，可以比照以上有关的计算方法计算提前完成五年计划的时间。

（五）关于检查第一个五年计划执行情况的实绩数字

国营、合作社营、公私合营经济的计划完成的实绩数字，一律以统计部门的统计数字为准；个体经济和资本主义经济可以根据统计资料和典型调查的材料由各级统计部门和计划部门进行估算。

各个国民经济部门、各级统计部门逐级上报的五年计划执行情况的统计数字，必须核实，做到真实地反映五年计划执行的情况（包括好的和坏的部门），坚决防止可能发生的虚报成绩的现象。

（六）关于第一个五年计划的调整

在五年计划制定以后，各部、会、局、院、行、社和各省、自治区、直辖市人民委员会相互之间因行政区划的变动或企业（事业）隶属关系的改变需要对原定计划加以调整时，应该在1956年6月至1957年6月份内按照下列规定调整完毕：

（1）因行政区划变动而致计划单位的隶属关系变动的，由原行政区的省级计划机关提出地区变动部分的五年计划指标（连同基数），移交给新行政区的省级计划机关，并共同报国家计划委员会备案。

（2）经主管机关批准的企业隶属关系的变动，由原主管部或省级计划机关提出该企业的五年计划指标（连同基数），移交由新主管部或省级计划机关接收，并共同报国家计划委员会备案。

所有批准计划调整的文件副本，应该由批准部门抄送同级统计部门。

（七）关于第一个五年计划执行情况的公布

为了鼓舞全国劳动人民的社会主义积极性，我国发展国民经济的第一个五年计划提前完成或超额完成的情况，可以及时地适当地采取新闻报道和公报的形式公布。为了使报道和公报的数字做到准确，凡五年计划完成情况的公布，应经下列审批程序：

各部、会、局、院、行、社五年计划提前完成情况的新闻报道，应该由各部、会、局、院、行、社提出报告，经国家统计局认可并经国家计划委员会审查以后，报请国务院批准公布；

各省、自治区、直辖市五年计划提前完成情况的新闻报道，应该由省、自治区、直辖市人民委员会提交国家计划委员会审查转报国务院批准公布；

各省、自治区、直辖市所属个别部门五年计划提前完成情况的新闻报道，应该经省、自治区、直辖市统计局认可和计划委员会审查以后，由省、自治区、直辖市人民委员会批准公布；

各部、会、局、院、行、社和各省、自治区、直辖市人民委员会在向国务院报送五年计划执行情况的最后总结时，应径送国家计划委员会并抄致国家统计局；

各省、自治区、直辖市五年计划执行情况的最后总结并应抄送国务院主管部门。

全国第一个五年计划执行情况总结的公布办法，另行规定。

（八）各部、会、局、院、行、社和各省、自治区、直辖市人民委员会为保证完成国家下达的五年计划指标而补充的指标及其所属单位第一个五年计划完成情况的具体检查办法，由各部、会、局、院、行、社和省、自治区、直辖市人民委员会根据本规定的原则精神自行规定。

44. 1956年度建筑安装工程统一施工定额实施办法

（1956年4月21日国家建设委员会发布）

一、1956年度建筑安装工程统一施工定额共5册：第1册一般工业与居住建设工程施工定额，第2册一般工业设备安装工程施工定额，第3册建筑机械劳动定额，第4册专业通用建筑安装工程施工定额，第5册专业专用建筑安装工程施工定额。其中第1—4册系由国务院各有关部（局）编制，取得中华全国总工会同意，由国家建设委员会和劳动部批准。第5册由国务院各部（局）分别编制，取得各该产业工会全国委员会同意后批准发布，并报国家建设委员会和劳动部备案。

二、统一施工定额是施工单位签发工程任务单（包括限额领料卡片）、编制施工组织设计、编制施工作业计划、结算计件工资和国家编制预算定额的基础。

三、凡实行建筑安装工人工资等级制度的工人，或在统一施工定额手册中指定必须执行统一施工定额的劳动者，不论所在的施工单位是国营或省、市地方国营，亦不论其服务时间长短，均须执行统一施工定额。公私合营的施工单位及专署、县所属之施工单位是否执行统一施工定额，由省、直辖市人民委员会考虑决定。

四、统一施工定额的实施范围，限于施工现场的建筑安装工程。不包括加工厂和生产组织形式与加工厂相同的现场预制或加工部门；修补工程、临时工程、简易房屋建筑工程、市政建设工程和农业用畜牧房舍建设工程亦不包括在内。

五、冬季施工期间，统一施工定额中之某些项目的修正系数，由国家建设委员会另行发布。

六、当建筑安装工程在运转的生产车间、特别拥挤的工作地点或建筑与设备安装工程在同一工作地点同时施工的条件下施工时，统一施工定额中之某些项目所需的修正系数，可由第十一条规定受委托的部门进行规定，经同级工会同意后执行，并报送国家建设委员会和劳动部备案。

七、定额册中之计件单价，由各执行单位按现行工资标准及定额中规定的劳动定额与小组成员的等级和人数自行计算，待国务院发布新的工人工资标准后，即从公布执行之日起，改用新的工资标准计算单价。

八、统一施工定额执行中有关工时制度和工资支付等问题，按国家有关规定执行。

九、统一施工定额的劳动定额部分（包括建筑机械劳动定额），对工人必须的休息时间、准备与终结时间，已作考虑，执行时不得外加。

十、各施工现场的施工小组实际配备成员的等级和人数，与各该定额项目的规定不符时，定额与单价不得变更。

十一、国家建设委员会委托下列各单位分别负责对执行统一施工定额进行督促检查和具体管理。

第1册一般工业与居住建筑工程施工定额：国务院各部（局）和各省（市）人民委员会所属施工单位均由该单位所在地之省（市）人民委员会负责。省（市）人民委员会可根据需要，吸收中央各建筑部门驻在当地的领导机关和省（市）有关单位组织施工定额工作委员会，进行日常工作。

第2册一般工业设备安装工程施工定额、第3册建筑机械劳动定额和第4册事业通用建筑安装工程施工定额：国务院各部（局）所属施工单位由各该部（局）负责；各省（市）人民委员会所属施工单位，由各该省（市）人民委员会负责。

上述各受委托单位，不得再逐级往下委托，以免引起统一施工定额管理工作的混乱。

十二、统一施工定额中未包括的项目，可由第十一条所规定的受委托部门，组织编制补充定额，经同级工会同意后，在各自范围内批准执行。如尚不能满足施工现场需要时，各建筑安装的施工单位（工区或工地）可根据各自工作的需要，编制临时定额，经同级工会同意后，报上一级组织批准执行。各主管部（局）、省（市）所编制的补充定额，应连同有关资料及说明，报送国家建设委员会和劳动部备案，并抄报各主编部（局）。各施工单位编制之临时定额，亦应连同有关资料及说明，报各上级主管机关备案。

十三、各部（局）或省（市）对某些定额节、目，认为过高过低必须修改时，可按第十一条所规定的分工，根据发扬先进、督促落后的精神，在统一施工定额发布后的3个月以内（如确有资料根据，亦可在统一施工定额下达的当时），按定额分册分别作一次性的修改。其办法为：某些定额节、目需要升降定额水平在10%以内者，不作修改；需要提高定额水平在10%以上者，经同级工会同意后，批准执行，报国家建设委员会和劳动部备案；若确有根据对某些定额节、目需要降低定额水平在10—20%者，经同级工会同意后，可自行批准执行，并抄送国家建设委员会和劳动部备案；降低定额水平超过20%以上时，须经国家建设委员会批准。

所有降低统一施工定额水平的节、目，报国家建设委员会备案或审批时，均应详细申述理由，提供资料，并提出赶上全国水平的期限和基本措施，以便检查。

十四、各部（局）和各省（市）人民委员会对统一施工定额执行中所遇到的问题，有权进行解释，但需抄送各该统一施工定额的主编部（局），并抄送国家建设委员会备查，各主编部（局）有不同意见时，可通知原解释单位更正。统一施工定额有关册的主编部（局）见附表。①

① 1956年度建筑安装工程统一施工定额分册及主编部（局）详表从略。

十五、统一施工定额所依据的国家现行法令，如有修改或变更，而使统一施工定额必须作相应的改变时，其处理办法由国家建设委员会另行规定。

十六、各中央部（局）分别发布的第5册专业专用建筑安装工程施工定额，是统一施工定额的一个组成部分，在贯彻时均按本办法的有关规定执行。但对某些产业特殊问题的处理，可分别在不违反本办法所规定的原则下，自行拟定补充办法执行，并抄送国家建设委员会备案。

十七、统一施工定额自发布执行之日起，国务院各有关部（局）和各省（市）人民委员会及其所属建筑安装施工单位，前此使用的1955年度施工定额及原有之补充定额中与1956年度统一施工定额重复的项目，一律废止。其他部分亦应重新各按分工进行审订。

十八、各施工单位自统一施工定额执行之日起，应按新的定额签发工程任务单。如按原有定额签发的任务单的有效期限，延续到新定额发布1个月以内者，可以继续有效。延续超过1个月以上者，须重新按新定额签发。

十九、本实施办法发布后，前此所有各建筑安装部门的定额管理办法一律作废。本办法未包括之具体规定，可由各部（局）各省（市）根据第十一条之分工，另行规定补充办法，发布执行，并抄送国家建设委员会备案。但国务院各部（局）和各省（市）以下各级机关不得再作补充规定，以免混乱。

45. 财政部关于1956年年终财务清理和年度决算编报办法的几项规定

（1956年11月30日）

兹将1956年年终清理和决算编造工作，作如下规定：

一、年终财务清理和决算编报的几点要求：

1. 国家决算的收支，必须根据帐面实际发生的数字产生，不应有虚列的数字。要切实划清预算年度，严格实施预算执行收支截止期的规定，到12月31日止没有缴入基层金库（包括分理处和营业所代理基层金库业务的在内）的收入均不应列入决算内，到12月31日止没有支出的款项也不应列入本年决算。

各级总决算所列收支数字，收入要以缴到基层金库的数字、支出要以各单位预算机关的银行支取数字（由财政机关直接支出的款项要根据财政机关支出的数字）编报，各单位预算机关的决算应以实际支出数字和银行支取数字同时并列编报。

2. 决算的内容要作到完整、正确，特别是各项基本数字是考核事业计划完成、分析预算定额执行结果和设计下年预算的有力依据，要求作到资料齐全，数字核对无讹。

3. 各省、自治区、直辖市自筹经费决算和乡、镇自筹经费决算仍单独编造。但是过去几年所编报的自筹经费决算的数字还不够完整，报送也不够及时，今年要求能作到数字完整正确，编报及时。

4. 决算清理是提高决算质量的一个重要条件，年终前必须作好财务清理工作。各级财政机关1956年的往来帐款应尽量清理完毕，垫款和借款要及时结清归还，对单位预算机关的应缴预算收入要督促其在年前缴库，暂收、暂付、应收、应付帐款也要督促其尽量清理。固定资产和库存材料在1955年和1956年已进行清点者，应在原有基础上将新购入、报损、调入、调出等数字查对清楚，以使帐面数字和实有数字取得一致；尚未进行清点者应继续进行清点。为了避免年终和其他工作冲突，清点的时间可由各地根据具体情况斟酌规定。

5.各单位预算机关的经费结余，年终应一律缴回各该级财政机关，1956年不应再预付1957年经费。但为不影响各单位预算机关明年年初的开支，总务部门可留用三天零用金不缴回，在银行支取数内列报。

1956年的差额预算单位在1957年仍实行差额预算管理者，年终结余可不缴回，结转下年，列入收入预算。

二、年终财务清理和决算编报的几个具体问题：

1.凡1956年中央有明文指定准予跨年继续使用的经费，1956年决算均按各单位预算机关的银行支取数字编列总决算，其未支用部分可以作为跨年经费处理，结转1957年预算继续使用。

2. 1956年工资调整中要补发的工资，应于年终前尽量发放完了，如因某些原因在年终前未能全部发完者不应该采取预提办法列入本年决算，其未发完部分可以转到下年预算中支用。

3. 1956年小学下放经费在1956年已经下放在自筹经费内开支的部分，应列入自筹经费决算，未下放而由国家预算拨款开支的部分，应列入总决算内。

4. 1956年基本建设工程拨款核准限额在12月31日前未拨出的余额，不论工程已完或未完，均一律注销。经批准明年继续兴建的工程应在1957年预算内提前核准新限额下达。基本建设工程结余的现金和材料，不论已完工程或未完工程，原则上均以各级主管部门为统一结算单位，结转下年作为内部资源动员继续使用，在核准下年预算时如数减少预算或减少财政拨款。凡1957年在所属范围内没有基本建设工程的主管部门，其1956年结余的现金和材料变价款，均应在年终前一律缴回各级财政。在年前未及变价的材料，应于1957

年内积极处理，或由计划和财政部门统一调拨，或在变价后缴回财政机关，作为其他收入处理。

三、年终财务清理和决算编报的几点注意事项：

1. 各级财政机关在年度决算编造前要和有关部门将收入、支出数字核对相符。如有不符时，应即查清原因后予以校正，以免决算报出后再更正数字。特别是各级决算所列的预算数字，应事先核对清楚，预算资料（包括基本数字的计划数字）应保证填列齐全。

2. 为防止年终资金浪费现象，各级财政机关应加强财政监督，年终前应严格控制经费拨款。各单位预算机关应当根据厉行节约的精神，在年终前要特别注意国家资金的节约使用，对不是本年需用的办公用品、设备用品等不得预购。各级财政机关应有重点的深入单位预算机关进行检查，如发现有违反财政纪律的现象，应当进行严肃处理。

3. 为提高决算质量，保证按期和提前报送，各级财政机关在决算编造期间对各单位预算机关应当加强帮助和监督，及时了解情况，总结经验，并将决算工作进度、好坏事例和发生的问题随时通报，借以交流经验，提高工作效率。

四、各省、自治区、直辖市总决算表格，一律按本部附发的统一决算表格办理。县、市总决算表格和地方各单位预算机关的决算表格，由各省、自治区、直辖市参照总决算表格的要求，根据需要与可能，并注意简化的原则自行制订。

决算说明书的内容，请参照1955年本部颁发的说明提纲并结合地方实际情况编写。在编写时，应着重对收入超收、短收，支出超支、结余的原因进行全面分析。同时对一年来财政工作和预算管理工作上所获得的经验教训，预算执行的效果和预算管理工作中存在的问题，应加以总结，并提出对今后工作改进的意见和措施。决算说明书应单独装订，随总决算一并报送。

五、各省、自治区、直辖市的决算应在1957年3月底前报送本部三份，西藏可在1957年3月底前先行电报，书面决算可在4月底前送达。报告决算时应派业务熟悉的人员来部汇报。

六、省、自治区、直辖市自筹经费决算应随总决算一并附送，乡、镇自筹经费决算如随总决算报送有困难，可延迟半个月至一个月。乡、镇自筹和县自筹合并管理者，可以合并编送。

七、为提高决算质量，及时了解决算编造情况，各地在决算编造期间，应将决算进行的进度、存在的问题和经验教训随时报告本部，以资交流经验。决算编造完竣后，应对编造工作加以总结，并抄报本部。

八、各省、自治区、直辖市对所属县、市和单位预算机关的年终财务清理和决算编报办法，可根据本规定的原则并结合当地具体情况自行规定。

46. 1957年国家经济建设公债条例

（1956年12月29日全国人民代表大会常务委员会第五十二次会议通过）

第一条 中华人民共和国国务院为加速国家经济建设，逐步提高人民物质和文化生活水平，促进人民节约储蓄，特发行一九五七年国家经济建设公债。

第二条 本公债的募集和还本付息，一律以人民币为计算单位。

第三条 本公债发行总额定为人民币六亿元，于一九五七年一月开始发行，一九五七年十月一日起计息。提前交款的，按照规定利率贴息。

第四条 本公债债券面额分为一元、二元、五元、十元、五十元和一百元六种。

第五条 本公债利率定为年息四厘，自一九五八年起，每年九月三十日付息一次。

第六条 本公债本金分十年作十次偿还，自一九五八年起，每年九月三十日抽签还本一次，第一、二、三、四次各抽还总额的百分之五，第五、六、七次各抽还总额的百分之十，第八、九次各抽还总额的百分之十五，其余总额的百分之二十于第十次还清。

第七条 本公债的发行和还本付息事宜，指定由中国人民银行及其所属机构办理。

第八条 本公债债券不得当作货币流通，不得向国家银行和公私合营银行抵押。

第九条 伪造本公债债券或破坏本公债的信用者，依法惩处。

第十条 本条例自1957年1月1日起施行。

47. 1957年国家经济建设公债认购、交款及换券办法

（1956年12月30日财政部发布）

一、本办法是根据1957年国家经济建设公债条例及参照历年来公债推销工作的执行情况制定的。

二、职工认购公债及交款手续：

（一）职工（包括工矿、企业、机关、团体、学校的工人、职员、干部及文教医务工作人员，和参加手工业合作社、合作小组的手工业者，有组织的搬运工人及乡干部等）认购公债，采取一次认购、一次交款或一次认购、分期交款的办法。一般认购应在3月底以前，交款应在10月底以前完成。

（二）职工认购公债，均应将认购金额、分月交款数及需要债券面额种类填入该单位的“公债认购登记表”，各单位公债推销组织于认购结束后，应填写“公债认购情况汇总表”逐级上报。

（三）职工交公债款，除本人自愿一次交清者外，均由所在单位工资发放部门，按其所订交款计划，由应发工资中代收代交。

各单位工资发放部门应在当月内将代收的公债款及时集中送交银行。职工交清债款后，随即一次发给公债券，但要求每月按其所交金额发给公债券的，亦可按月发给。

（四）各单位公债推销组织，在交款期间，对交款情况及因职工调出、调入而影响公债认购数的增减情况，应于每月底填写“交款计划执行情况表”逐级上报。

（五）职工认购公债后，尚未交款或尚未交清债款而工作调动时，原所在工资发放部门除应按已交债款发给债券外，应将未交部分的数额和每月交款计划数，填入供给关系转移介绍信内，转入调

进单位。调进单位的工资发放部门，应按照其原订交款计划，继续代收代交。

三、农民认购公债及交款手续：

（一）农民认购公债，采取把公债推销数额逐级合理分配到农业社、户（指未参加农业社的户）的办法。由农业社合理向户进行推销认购，由农业社统一进行交款，其具体做法按照本部所提出的关于1957年对农民推销公债做法上的几点意见办理。

（二）农民认购公债时间，一般应于春季农闲季节进行，交款时间必须在12月20日前完成。

（三）农民按户认购后，均应填写"公债认购登记表"和"农民购买公债情况汇总表"，汇总表应逐级上报。

四、工商业者认购公债及交款手续：

（一）工商业者（包括公私合营企业的私方从业人员及股东、经代销户、私营工商业者及摊商）认购公债，采取一次认购、一次交款或一次认购、分期交款的办法。认购应在3月底以前结束，交款应在10月底以前完成。

（二）工商业者认购公债，均应将认购金额和交款计划填入"工商业者认购书"送行业公债推销组织。摊商认购金额可填写"公债认购登记表"送摊商管理委员会的公债推销组织。各级公债推销组织应填写"工商业者认购公债情况汇总表"逐级上报。

（三）工商业者交公债款，除摊商按小组汇交外，一般均应委托股份所在公私合营企业在发放定息和工资时代收汇交。工商业者交清债款后随即一次发给债券。要求按其每月所交金额发给债券的，亦可按月发给。

（四）工商业各级公债推销组织，应在交款期内将每月交款情况填写"交款计划执行情况表"逐级上报。

五、城市居民及其他（以下简称市民）认购公债及交款手续：

（一）市民认购公债，一般采取随认购、随交款的办法，个别需要分期交款的，亦可分期交款。认购应在3月底以前，交款应在10

月底以前完成。

（二）市民认购公债，均应以街道公债推销组织为单位填写“公债认购登记表”，并将公债款交给公债推销组织指定的收款人，收款人应在当月内随时将代收公债款集中送交人民银行换取债券，并将债券及时发给购债人；或由居民公债推销组织与人民银行约定时间，由银行派人收款发券。

（三）街道公债推销组织应在市民认购和交款期内，将认购和交款情况，每月分别汇总填写“公债认购情况汇总表”和“交款计划执行情况表”逐级上报。

六、军队干部认购公债及交款手续，由中国人民解放军总政治部、总财务部自行规定。

七、凡未经认购手续而购买公债的，可直接向人民银行购买，并采取随交款、随发券的办法。

八、各代收债款的单位及人员，在代收债款时，应根据贴息办法（贴息办法仍照1956年的规定办理）算出应扣贴息的数额后，按实际应交金额收交债款。如交款单位在分收汇交人民银行时发生尾差，则采取实收实交的办法，其尾差差额由交款单位在交款书上批注盖章。

九、公债款一律以人民币收交。凡以黄金、白银、外汇购买公债的，均应先到人民银行兑成人民币。

十、人民银行在公债券未到时，得制发临时收据，俟公债券领到后即凭以换发公债券。

十一、本办法的实施细则，由各省、市、自治区根据当地具体情况自行拟定，并报送财政部备案。

十二、本办法自1957年1月1日起施行。

48.外币存款章程

（1956年10月15日中国人民银行发布）

第一章　总　则

第一条　外币存款业务由中国人民银行总行指定的分支机构和中国银行办理。

第二条　外币存款分为下列两种：

（一）甲种外币存款，存款人可以：

一、将所存的外汇汇往或携往国外或港澳地区；

二、将所存的外汇按支取日中国人民银行规定的外汇牌价兑取人民币。

（二）乙种外币存款，存款人可以：

一、将所存的外汇按支取日中国人民银行规定的外汇牌价兑取人民币；

二、持凭核准本人使用外汇的证明文件，将所存外汇汇往或携往国外或港澳地区。

本条规定可以汇往或携往国外或港澳地区外汇的货币种类，以原存的种类为限。如须以其他种类的货币汇出，或以所存的货币汇出但非汇往该货币所属国家或地区时，均须经中国人民银行或中国银行同意后代为办理。

第三条　甲种和乙种外币存款均分活期和定期两种，定期外币存款期限分为六个月、一年或一年以上二种。

第四条　外币存款的收存外币种类由中国人民银行规定。

第五条　外币存款存款人，可以委托国内中国人民银行、中国银行或其他受托人代为存取款项手续。

第二章　甲种外币存款

第六条　下列个人、企业或团体均可开立甲种外币存款户：

（一）侨居国外与港澳地区的中国公民和在国外与港澳地区的中国工商企业、社会团体；

（二）居住国外与港澳地区的外国人和在国外与港澳地区的外国工商企业、社会团体；

（三）各国驻中国使领馆、代办外、外交官和领事官；

（四）其他经中国人民银行核准者。

第七条　上述第六条所规定的存款人，可将下列外汇存入甲种外币存款户：

（一）由国外或港澳地区汇给存款人的外汇；

（二）经证明由国外或港澳地区寄入或携入为存款人所有的外汇；

（三）其他经中国人民银行核准存入的外汇。

第八条　甲种外币存款于开户时存入金额须不低于100卢布、10英镑或等值10英镑的其他外汇。

甲种活期外币存款于开户后存入金额及存款余额不受限制。

第九条　甲种活期外币存款支取款项可以使用支票、存折以及其他约定的方式。

甲种定期外币存款凭存单支取本息。

第十条　甲种外币存款存款人将原存的外汇汇往国外或港澳地区，国内存款银行不收手续费。但所需邮电费用由存款人自行负担。

第十一条　甲种外币存款支票必须为记名式。

第三章　乙种外币存款

第十二条　凡中国公民和私营企业、外国人和外国企业、团体，不论其在中华人民共和国境内或境外均可开立乙种外币存款户。

第十三条　下列外汇均可存入乙种外币存款户：

（一）本章程第七条第（一）（二）（三）项所列的外汇；

（二）其他为存款人所持有的外汇。

第十四条 乙种外币存款于开户时存入金额须不低于50卢布、5英镑或等值5英镑的其他外汇。

乙种活期外币存款于开户后存入金额及存款余额不受限制。

第十五条 乙种活期外币存款凭存折支取款项。

乙种定期外币存款凭存单支取本息。

第四章 利 息

第十六条 外币存款各种利率由中国人民银行规定。

第十七条 活期外币存款每年12月31日按实存金额及日数结算利息一次。

存款人如未到结息期而须清户者，一概不计利息。

第十八条 定期外币存款于到期日结算利息，如存款人：

（一）在未到期前申请提前支取者，照金额及实存日数按活期外币存款利率计算利息；

（二）到期不取以后来取者，除原订存期照原订利率计息外，其过期未取的本金，照金额及实存日数按活期外币存款利率计算利息。

第十九条 外币存款利息，按原存外币种类收入存款人帐户，并按照本章程第二条的规定支取之。

第五章 甲、乙种外币存款的相互转帐

第二十条 甲种外币存款户与甲种外币存款户之间可以转帐。

甲种外币存款户可以将全部或一部余额转入乙种外币存款户。

第二十一条 乙种外币存款户与乙种外币存款户之间转帐须经中国人民银行核准。

第二十二条 乙种外币存款户的存款，不得转入甲种外币存款户。

第六章　附　则

第二十三条　凡以外币支付凭证存入者，须俟存款银行收妥后才能入帐。

第二十四条　在中华人民共和国境内办理有关存款和取款等事项，除本章程已规定者外，须遵守中华人民共和国外汇管理法令和其他有关法令的规定。

第二十五条　存单、存折、支票或图章如有遗失、损毁或被盗窃情形，存款人须以书面向存款银行申请挂失，经存款银行认可后，可以补发存单、存折，另开支票或更换印鉴；但在申请前，存款已被人冒领，存款银行概不负责。

第二十六条　本章程由中国人民银行发布施行，修改时同。

49. 预算会计账簿凭证报表保管销毁暂行办法

（1956年11月21日财政部、国家档案局发布）

第一条 为了正确掌握预算会计账簿、凭证、报表（以下简称预算会计档案）的保管期限及其销毁程序，特制定本暂行办法。

第二条 本暂行办法适用的范围如下：

（一）各级财政机关的总预算会计；

（二）各级国家机关（包括各民主党派、各人民团体）的单位预算会计；

（三）各级税收机关的税收会计；

（四）各级财政金库会计；

（五）中国人民建设银行办理的基本建设拨款会计。

第三条 前条所列各种预算会计档案，是指各种预算会计制度中所规定的各种账簿、原始凭证、记账凭证，本机关编制的报表和所属机关以及其他机关编送的报表。

第四条 各种预算会计档案，由各经办机关，按照它的性质和效用，分别永久保管或者定期保管。在年度预算执行未终了期间以内，由本机关会计部门负责保管；年度终了决算批准后，会计部门应即编造清册移交本机关档案部门保管。各种预算会计档案的保管期限，依照本暂行办法附表①的规定。

第五条 以报表代替账簿的报表，它的保管期限，依照账簿的保管期限办理。

---

① 附表从略。

第六条 各种报表，以保管一份为原则，如果各机关认为有必要的时候，可以自行增加保管的份数。

第七条 各种预算会计档案的保管期限，从所属会计年度终了后的第二天起计算。

第八条 各种预算会计档案，在保管期满应进行销毁的时候，由经办机关的档案部门会同会计部门，组织鉴定小组，严格审查，并且将应行销毁或者继续保管的意见，报告本机关首长。

第九条 各种预算会计档案销毁的批准程序规定如下：

（一）总预算会计档案销毁的批准程序；

一、财政部销毁总预算会计档案时，应当报经国务院批准，并且编造清册送国家档案局备案。

二、省、直辖市、自治区、自治州的财政机关销毁总预算会计档案时，应当报经本级人民委员会批准，并且编造清册分别报财政部和省级档案机关备案。

三、县、自治县、市级的财政机关销毁总预算会计档案时，应当事前经省级财政机关同意后（自治州的所属县报自治州财政机关同意），再报县、自治县、市级人民委员会批准，并编造清册分别报省级财政机关和档案机关备案。

（二）单位预算会计档案销毁的批准程序：

一、中央、省、直辖市、自治区、自治州人民委员会所属各主管机关销毁单位预算会计档案时，应当报经同级财政机关批准，并且编造清册送同级档案机关备案。主管机关的所属机关，一律报主管机关批准，并且编造清册送同级财政机关和档案机关备案。

二、县、自治县、市人民委员会所属机关销毁单位预算会计档案时，由财政机关审核转报本级人民委员会批准，并且编造清册报省级档案机关备案。

（三）各级税收机关销毁税收会计档案时，应当报请上一级税务机关批准销毁，并且编造清册报同级财政机关和同级或上级档案机关备案。

税收会计的日电、旬电、月电抄电单，在保管期满后，由本机关首长批准销毁。

（四）各级财政金库、中国人民建设银行各级行，销毁金库会计档案、基本建设拨款会计档案时，应当报请上一级机关批准，并报同级财政机关和同级档案或上级档案机关备案。

中央总金库的库存日报表、中央预算收入分区明细表及库存明细表，在保管期满后，由本机关首长批准销毁。

第十条 各机关的预算会计档案，经本机关首长批准销毁的，应当由本机关首长派员监销；经上级机关批准销毁的，应当由上级机关派员监销或者委托销毁机关派员监销。

第十一条 监销人在预算会计档案销毁前，应当会同有关人员进行清点核对；销毁后，应当在销毁清册上签章证明，并且将监销情形报告委托机关或者首长。

第十二条 各机关保管的预算会计档案，如果同本办法附表所列的名称不相符合时，可以分别性质，比照附表规定的保管期限办理。

第十三条 会计法令、会计制度、会计检查报告和会计工作总结等项文件，都按照一般公文保管和销毁的规定办理。

第十四条 军事部门会计档案的保管销毁办法，由中国人民解放军总财务部另行制定。

50.国务院关于各部负责综合平衡和编制各该管生产、事业、基建和劳动计划的规定

（1957年1月15日）

做好计划经济工作，是一个极为复杂和繁重的任务。国民经济计划的各个环节都是一个统一的有机的整体，它们都是互相影响和互相制约的，任何一个环节过分突出和过分落后，都会引起比例关系的失调，妨碍国民经济的全面发展。因此，要克服这方面的缺点，就必须反复进行综合平衡的工作。要做好这件工作，仅仅依靠国家计划机关，显然是不可能的。如果没有国务院各部门和各省市就其所主管的业务范围进行全面的平衡，就不可能有国民经济的综合平衡。基于上述情况，在计划工作制度方面，必须根据中央关于改进国家行政体制的精神，进一步健全和加强综合平衡同分级分工负责相结合的制度。

现在，各部门、各省市正在编制1957年年度计划草案，为了使国民经济计划在各个主要环节上少出漏洞或不出漏洞，国务院有关各部门应该负责汇总审查和平衡全国有关的生产、事业、基本建设和劳动计划。在计划体制未确定之前，暂作如下规定：

（1）工业生产计划：各部除负责编制本部直属企业的工业生产计划外，还应该综合平衡和编制地方工业及其他部应归本部平衡的产品（包括国务院管理的和部管理的产品）产量、新种类产品的试制和生产、技术经济指标及生产能力利用计划（例如第一机械工业部应该负责对铁道、交通等部的机械产品和地方机械产品进行汇总平衡，并且综合编制上列各项计划）；在综合编制的全国总数中，须列明本部直属、各省市所属及其他部所属的数字，送国家经济委员会。

（2）农林水利和气象计划：农垦部负责编制全国的机械化农场计划，报送国家经济委员会并抄送农业部；公安部负责编制全国的劳改农场计划，报送国家经济委员会并抄送农垦部、农业部；农业部应该负责综合平衡和编制全国的农业计划（包括生产和事业计划），报送国家经济委员会。

林业部负责综合平衡和编制全国的林业计划，水利部负责综合平衡和编制全国的农田水利计划，气象局负责综合平衡和编制全国的气象计划，均送国家经济委员会。

（3）交通运输计划：交通部除负责编制本部直属企业的运输计划外，还应该负责综合平衡和编制地方的水路和公路运输计划（只综合货运和客运计划，不综合技术经济指标等计划），报送国家经济委员会。邮电部除负责编制本部直属的邮电计划外，还应该负责综合平衡和编制地方的县内电话计划，送国家经济委员会。

（4）商业计划：由商业各部、各省市分别负责编制。各省市负责编制本地区各部门的商业计划，商业各部负责编制本系统的商业计划，均送国家经济委员会。

（5）基本建设计划：除商业、粮食、城市服务、外贸各部，国家物资储备局和中国人民银行的基建计划由各该部门直接负责编制以外，其他各工业、农林水利、气象、水产、交通、邮电、文教卫生、城市建设和公安等部门，除负责编制本部门直属企业、事业的基本建设计划外，还应该负责综合平衡和编制地方的有关基建计划（只综合投资额、由投资而动用的生产能力、限额以上建设单位等三个表），送国家经济委员会。

国家建设委员会负责综合平衡和编制全国的建筑安装和勘察设计计划，送国家经济委员会。

（6）文教卫生事业计划：文教卫生各部除负责编制本部直属的事业计划外，还应该综合平衡和编制全国的有关事业计划。高等教育部负责综合平衡和编制全国的高等教育事业计划、高等业余教育事业计划和中等专业教育事业计划；教育部负责综合平衡和编制全国的中小学、幼儿园及业余教育事业计划；文化部、卫生部、体育运动委员会、广播事业局分别负责综合平衡和编制全国的文化、卫生、体育、广播事业计划。以上均送国家经济委员会。

（7）劳动和干部计划：除地方的工业劳动计划由于不便于按各工业部主管的范围划分，故暂不由各工业部负责综合，而由国家经济委员会统一综合平衡外，地方的农、林、水利、气象、水产、建筑、设计、商业、粮食、城市服务、供销合作、交通、邮电、文教卫生和城市公用事业等各部门的劳动计划，应该分别由国务院各有关的主管部负责综合平衡，送国家经济委员会。劳动部负责综合平衡和编制全国的劳动工资计划和工人培养计划，送国家经济委员会。

（8）有关技术协作的问题，由国家技术委员会负责组织安排。

以上各项希即按照执行。

51.财政部关于监督国营企业解交利润的临时规定

（1957年1月4日）

第一条 为了加强对国营企业解交利润的监督，以保证国营企业利润及时地、足额地解交金库，特制定本规定。

第二条 轻工业、食品工业、纺织工业、冶金工业、化学工业、建筑材料工业、煤炭工业、石油工业、电力工业、森林工业、第一机械工业、电机制造工业、建筑工程、地质、商业、水产、城市服务等17个部门所属的生产、供销、建筑包工系统的全部国营企业解交利润，均应按照本规定办理。

第三条 监督国营企业解交利润的机构，为各省、自治区、直辖市税务局。省、自治区、直辖市税务局并可委托企业所在地税务局进行监交。

监交利润的税务局即为国营企业利润的收入机关。

第四条 国营企业利润的交库单位规定如下：

（一）商业部与城市服务部各专业公司所属的各级专业公司与中国木材公司系统、水产部所属的各级水产供销企业，均以省、区、市公司为交库单位。商业部与城市服务部各专业公司所属的中央采购供应站，以各中央采购供应站为交库单位。水产部所属各海洋渔业，以部直属的水产公司为交库单位。

（二）其他各部均以主管部为交库单位。

第五条 国营企业利润的交库方式规定如下：

（一）轻工业、食品工业、纺织工业、冶金工业、化学工业、建筑材料工业、煤炭工业、石油工业、电力工业、森林工业、第一机械工业、电机制造工业、建筑工程、地质等部门的国营企业利润，应当由交库单位委托所属基层企业就地解交金库。

（二）商业部、水产部、城市服务部、中国木材公司等部门的国营企业利润的交库方式，由各省、自治区、直辖市财政厅（局）、税务局与企业的主管厅（局）、金库共同商定，并报财政部和主管部备案。

第六条 国营企业利润的解交根据，分下列两种：

（一）轻工业、食品工业、纺织工业、冶金工业、化学工业、建筑材料工业、煤炭工业、石油工业、电力工业、森林工业、第一机械工业、电机制造工业、建筑工程、地质、中国木材公司等部门的企业利润，应当按照计划规定的数额解交。

（二）商业、水产、城市服务等三个部门和各部所属建筑安装企业的利润，可以根据实际实现的利润数额解交。

第七条 按计划解交利润的部门，监交利润计划的核定与下达程序规定如下：

（一）主管部应当在保证年度财务收支计划所列交款数额的前提下，结合所属企业各季度的生产、运输、销售等情况，按照财政部关于中央级预算交款计划编审和执行的有关规定，按期编制各个季度的交款计划，报送财政部（年度计划未经批准前，可先按计划草案或国家颁发的利润控制数字编制，俟年度计划核定后再调整）。

（二）财政部收到各主管部的季度交款计划以后，分别由主管财务司在8天内审核完毕列明核定数字，退回主管部，并以副本抄送税务总局。

（三）主管部收到财政部核退的季度交款计划后，应当在保证计划所列季度任务的前提下，分配所属主管企业机构（即总管理局或地区管理局或总公司）的季度交款计划数字，分别下达各主管企业机构，并将汇总表抄送税务总局。

（四）主管企业机构收到主管部的通知后，应当在保证主管部下达的季度交款任务的前提下，分配所属各基层企业的季度分月交款计划数字，分别下达给各基层企业执行，并将副本抄送省、自治区、直辖市税务局据以监交。主管企业机构并应将下达给各基层企业的季度分月交款计划编制汇总表抄送税务总局。

没有主管企业机构的，应当由主管部直接下达给基层企业。抄送的程序与主管企业机构下达时相同。

（五）省、自治区、直辖市税务局委托企业所在地税务局监交的，应将收到的上项计划数字，再分别下达。

（六）调整或修改季度交款计划时，在不影响主管部总的季度交款任务的前提下，可以由主管部自行调整或修改。调整或修改后的计划下达程序与本条（三）至（五）项相同；如果影响主管部总的季度交款任务时，必须报经财政部同意后，再比照原计划下达程序下达。基层企业不得自行调整或修改交款计划。

（七）在季度开始以后，如果主管企业机构仍未下达各基层企业的季度分月交款计划时，税务机关应先按企业自编的计划草案监交，俟主管企业机构的正式计划下达后再行调整。

第八条　按实际实现的数额解交利润的部门，其监交依据规定如下：

（一）商业、水产、城市服务等三个部门，应当根据月份计算报告或财务统计月报的数额解交。交款单位应于交款到期以前，将月份计算报告或财务统计月报中本月应交款项数字，通知监督交库的税务机关据以监交。

如果月份计算报告或财务统计月报不能按期编出时，交款单位应当在交款到期以前，参照上月计算报告与本月实际情况，提出估交数字，送监督交库的税务机关同意后，据以解交与监督，俟月份计算报告或财务统计月报编出后，少交的再行补交，多交的可以抵作下期交款或予退还。

（二）各部所属建筑安装企业的利润，应当根据中国人民建设银行支付的工程价款估计解交。交款单位应于交款到期以前，将估计数字抄送监督交库的税务机关据以监交。

第九条　国营企业每月的利润，应当根据实际情况，在规定的交库期限内一次解交或分次解交。各部的交库期限规定如下：

（一）轻工业、食品工业、纺织工业、冶金工业、化学工业、建筑材料工业、煤炭工业、石油工业、森林工业、第一机械工业、电机制造工业、建筑工程、地质、中国木材公司等部门所属的国营企业，应当在每月的月底前一天以前交足当月应交利润。

（二）电力工业部所属的国营企业，应当在每月的月底以前交足当月应交利润。

（三）商业、水产、城市服务等部门所属国营企业每月的利润，应当在月份终了后10日以前交足。

（四）各部所属建筑安装企业每月的利润，应当在月份终了后12日以前交足。

第十条 交款单位解交利润时，应当填具四联交款书，一并送交收款金库，金库于收款签章后，一联存查，一联转送监督交库的税务机关，二联退还交款单位作为记帐根据和层报主管部据以结算。

第十一条 金库收款的手续，依照中央金库条例施行细则及其他有关规定办理。

第十二条 按计划解交利润的部门，主管部应当根据“国营企业决算报告编送办法”的规定，按期向财政部报送季度和年度的决算报告。财政部应当会同主管部进行季度结算或年度清算，并将结算、清算结果通知税务总局。

主管部认为有必要进行月份结算时，可以提出月份计算报告，同财政部进行月份结算。

第十三条 结算、清算以后，如果主管部季度或年度的累计实际利润超过批准的计划利润，即为超计划利润。超计划利润扣除应提的超计划利润企业奖励基金和基层企业社会主义竞赛奖金后，按下列规定处理：

（一）40%由主管部留存，按照国家规定的使用办法使用。

（二）60%解交金库。由主管部集中解交的，应当在接到财政部结算、清算结果的通知后5天内解交；由主管部委托基层企业解交的，基层企业应当在接到上级的通知后5天内解交。

主管部集中解交的，由税务总局通知北京市税务局负责监督；由基层企业解交的，监交机关与监交根据的下达程序和解交计划利润相同。

第十四条 结算、清算以后，如果主管部季度或年度的累计实际利润小于已交金库的利润数额时，超交的数额，可以抵交下期应交利润；主管部要求退还时，也可以向税务机关申请退还。抵交或退还的具体企业单位，由主管部或主管企业机构通知税务总局逐级转达企业所在地的监交机关。

第十五条 主管企业部门和企业单位对解交利润工作负有下列责任：

（一）按计划交款的部门，应当及时地、准确地编出各季度分月交款计划，经财政部核退后，应当按照规定的程序及时下达到交款单位。

按实际利润交款的部门，交款企业应当按时提出月份计算报告或财务统计月报。不能按时提出月份计算报告或财务统计月报的单位，应当按时提出估交数字。

（二）所有的交款单位，均应按期地、足额地向当地金库解交计划利润与超计划利润。主管企业部门应经常督促所属企业完成利润计划和按时解交利润。交款单位以下有基层企业的单位，并应负责督促所属基层企业按时汇解利润。

（三）主管部应当按照规定的期限提出决算报表和办理结算、清算工作。

（四）主管企业部门和企业单位应当对监交机关的工作给予协助与支持，并提供有关利润交款计划的执行情况与资料。

第十六条 财政部主管财务司与税务总局对国营企业解交利润的工作负有下列责任：

（一）主管财务司应当按时地、准确地审核与确定各主管部编送的季度分月交款计划，并按时地、正确地审核企业会计决算报表，会同主管部办理季度结算和年度清算。

（二）税务总局应当对各级税务机关的监交利润工作加强领导与检查，并及时地研究和解决监交利润工作中发生与存在的问题。

第十七条 监交机关的职责规定如下：

（一）监督国营企业按期地、足额地解交利润。

（二）检查了解企业交款计划的执行情况。

（三）监督企业补交超计划利润，并办理超交、错交利润的退库工作。

（四）负责办理监交利润的会计核算与监交情况的报告。

第十八条 由交库单位集中解交利润的，税务机关均应监督其基层企业按时地汇解利润。监督汇解的具体办法，由各省、自治区、直辖市税务局与有关部门另行商订。

第十九条 税务机关办理超交、错交利润的退库手续规定如下：

（一）对交款单位错交的利润，由当地税务机关批准办理退库。

（二）对商业、水产和城市服务部门估交的企业，决算编出后发现有多交而需要退还时，由当地税务机关批准办理退库。

（三）结算、清算以后发生的超交利润，税务机关应当根据财政部门结算、清算结果的通知，批准办理退库。

（四）退库的具体手续，应按中央金库条例施行细则的有关规定办理。

第二十条 监交机关应当设置专职的或兼职的国营企业收入检查员，具体负责日常的监交工作。国营企业收入检查员应凭“国营企业收入检查证”执行检查任务（检查证由财政部统一制发）。检查员对所了解的企业情况，除向上级报告外，应严格保守机密。

第二十一条 国营企业的基本折旧基金、固定资产变价收入、多余流动资金与各部所属全额预算管理的事业单位的事业收入，均责成税务机关监督解交。

（一）基本折旧基金，除超计划部分应全部解交金库不予分成外，其余事项均暂按本规定办理。

（二）固定资产变价收入，除按照规定留作固定资产复置基金以外，都应当根据实际发生的数额，就地解交金库。

（三）多余流动资金与各部所属全额预算管理的事业单位的事业收入，由主管部按照核定的财务收支计划所列数额按季编制交款计划经财政部同意后，据以集中交库。由财政部通知税务总局委托北京市税务局进行监督。

第二十二条 监督国营企业解交利润的会计处理办法，由税务总局另订。

第二十三条 本规定自1957年1月1日起实行。

52. 1956年和1957年国家经济建设公债还本付息办法

（1957年1月5日财政部发布）

一、本办法根据1956年和1957年国家经济建设公债条例第五、六、七条的规定制定。

二、1956年和1957年国家经济建设公债本金，分别自1957年和1958年起至1966年和1967年止分十年作十次偿还。除最后一年对应还本金数额不举行抽签全部偿还外，其余均按年抽签还本一次。每次抽签，于每年的9月以前举行，邀请各界代表到场监督，以债券号码末尾两字与抽出签枝的号码相同的为中签债券。

三、两种公债，都由中国人民银行办理还本和付息事宜。中签债券一律以中华人民共和国财政部每次通告的中签债券号码为准。

四、两种公债，在还本年限内，每年9月30日至12月31日为兑付本息期，由各地中国人民银行验券兑付。为照顾持券人的利益，在兑付期内，应兑未取的本息，可在下次兑付期内领取。对未领取各次本息的，在最后一年再延长兑付期九个月（即1956年公债至1967年9月30日为止；1957年公债至1968年9月30日为止）。延期届满时，如再不领取，债权即失时效，不予兑付。

五、每次中签应当还本的债券，到期如不领取本金的，其本金仍按原定利率计付利息，直到领取时为止。

六、持券人凭券向各地中国人民银行领取到期利息时，概凭债券上附带的息票兑付，但须将全张债券交银行查验剪兑，持券人自行剪裁的，不予兑付。

七、残破污损债券的兑付，按照“国家公债债券残破污损兑付处理办法”的规定办理。

八、两种公债的偿还本息，概凭债券兑付，不予挂失。

九、两种公债都免征利息所得税。

十、本办法自发布之日起施行。

53. 财政部关于召开劳模、积极分子及先进生产（工作）者会议经费开支划分的规定

（1957年3月26日）

自中央提出展开先进生产（工作）者运动以来，中央级和各省、自治区、直辖市的许多部门均召开了先进生产（工作）者会议。当时在会议费的开支方面，中华全国总工会、财政部于1956年5月25日曾发布了关于召开劳模大会经费开支的规定。但在具体执行中，大部分省、市认为会议费不按会议性质划分开支，完全由召开会议的部门负担是不合理的。鉴于1957年预算很紧，各项支出指标削减很多，因此我们认为在开支方面必须贯彻中共中央关于精简节约的号召，建立严格的会议审批制度，对会议的次数、人数、时间加以严格控制。对会议费开支划分特作如下规定：

1. 国务院及县以上各级人民委员会召开的全面性的劳模、积极分子及先进生产（工作）者会议，其会议费和奖励费均由行政费开支。

2. 国务院及县以上各级人民委员会所属各部门召开的劳模、积极分子及先进生产（工作）者会议，其会议费和奖励费按参加会议人员工作部门的性质及人员的多少划分开支：参加会议的人员大部分为行政部门的，全部由行政经费开支；大部分为事业或企业单位的，全部由事业费或企业管理费（奖励费列企业奖励基金）开支；或以参加会议人员的多少按比例分摊。由中央各主管部门和各省、自治区、直辖市根据具体情况自行决定。

会议费和奖励费由企业管理费及企业奖励基金开支时，中央各主管部门召开的会议，在部集中掌握的企业奖励基金或超计划利润分成经费中开支，抑由各企业分摊，中央级可由各主管部门决定，

地方可由各省、自治区、直辖市有关部门自行决定。

3.企业、事业单位召开的劳模、积极分子及先进生产（工作）者会议，其会议费和奖励费，事业单位列事业费开支，企业分别列入企业管理费和企业奖励基金开支。

4.国务院及县以上各级人民委员会所属行政部门、企业、事业单位，委托工会代为举办的劳模、积极分子及先进生产（工作）者会议，其会议费和奖励费均由委托单位按照上述办法开支。

本规定自文到之日起执行。其经费由预算开支的部分，均已包括在核定中央各部门、各省、自治区、直辖市今年预算指标内，由各部门、各省、自治区、直辖市自行安排。1956年5月25日中华全国总工会、财政部关于召开劳模大会经费开支的规定即行废止。

54. 公民财产自愿保险办法

（1957年4月6日财政部发布）

第一章　投保条件

第一条　公民个人依照本办法的规定，将自有的或者代他人保管的房屋和其他家庭财产向中国人民保险公司（以下简称保险公司）投保公民财产自愿保险。

第二条　保险公司承保下列项目财产：

（一）房屋和附属的装修设备；

（二）家庭财产：一、衣着物和床上用品；二、家具、书籍、文化娱乐用品、交通工具、家常用物、食品；

（三）医务人员、技术人员和其他专门人员的医疗器材、仪器、用具以及其他专业性质的器具设备（投保时注明名称）；

（四）手工工具、原料、商品。

第三条　保险公司对于下列财产不予承保：

（一）文件、证书、稿本、照片和没有一定市价的书籍、图画和艺术品；

（二）货币、邮票、票据和有价证券；

（三）金银条块和金银器皿、首饰、珠钻、宝石、古玩、古物；

（四）手表、怀表、自来水笔、药品；

（五）牲畜、家禽、花木、盆景。

第二章　保险公司的责任

第四条　保险公司对于被保险财产，在保险单有效期间和约定地点，因为遭受下列灾害所造成的损失负赔偿责任：

（一）水灾；

（二）洪水；

（三）爆炸；

（四）雷击；

（五）地震；

（六）地陷；

（七）崖崩。

在发生上列灾害的时候，对于因为进行救护所造成的被保险财产的损失（拆毁、破损、水渍等损失），保险公司也负赔偿责任。

第五条 保险公司对于下列损失不负赔偿责任：

（一）投保人的故意行为或者重大过失所造成被保险财产的损失；

（二）军事行动所造成被保险财产的损失。

第三章 保险金额、保险期限和保险费

第六条 保险金额由投保人自行决定，但是不得超过保险财产在投保时候的当地的实际价值。

第七条 保险期限规定为一年，从保险单上约定的起保日期开始到保险单所订明满期日24时为止。

第八条 保险费依照保险公司规定的公民财产自愿保险费率表计算。投保人应当依照约定的日期缴付保险费。如果保险单在有效期间有所变更，需要加费或者退费，投保人应当向保险公司或其代理机构办理加缴保险费或退还保险费的手续。

第四章 保险手续

第九条 投保人应当依照规定格式填写投保单交给保险公司；保险公司根据投保单制成保险单发给投保人。

投保人对于要保险的财产应当依照本办法第二条规定的项目，在投保单内分别注明每项财产的保险金额（第（二）项一、二两目

的保险金额可以不分别注明）。如果代他人保管的财产要投保，应当在投保单内分别注明财产所有人的名称以及投保人和财产的关系。

本办法第二条第（二）项第二目的财产中，如果有价值较贵的物品（收音机、照像机、缝纫机、自行车、乐器等），保险公司可以要求投保人单独注明名称和保险金额。

第十条 保险公司可以对投保财产的安全情况进行检查，决定是否承保，或者对投保财产的安全情况提出适当建议，经投保人改善后承保。

第十一条 在保险期间内，投保人可以向保险公司申请增加或者减少保险金额。应当加缴或者应当退还的保险费一律按照原保险单没有到期的月数计算，不满半个月的不计算，超过半个月而不满一个月的按一个月计算。

第十二条 被保险财产的所有权有所变更，对变更部分的保险效力即行终止。投保人可以及时向保险公司办理退保或者批改手续。

第十三条 被保险财产迁移到外埠，这迁移部分的保险责任即行终止。投保人可以及时向保险公司办理退保手续。

第五章 投保人的义务

第十四条 投保人必须遵守政府有关消防和防灾的规定，保护被保险财产。

保险公司或者当地公安部门发现投保人违反上述规定，根据可能改善的条件向投保人提出了必须改善的通知，投保人如果没有接受执行，保险公司可以终止保险单的效力，并且不退还保险费。

如果投保人对被保险财产的安全情况已经加以改善，并经通知保险公司检查和同意后，或经公安部门同意后，保险单的效力可以恢复到原保险期限届满为止。

第十五条 发生灾害的时候，投保人应当尽力抢救被保险财产。发生灾害后，投保人对于被保险财产应当采取必要的保护措施。如果投保人没有尽力抢救或者没有采取必要的保护措施，以致被保险财产的损失加重，保险公司对于这加重部分的损失可以不负赔偿责任。

第十六条 被保险财产遭受了责任范围内的灾害时，投保人应当用最迅速的方法通知保险公司。如果投保人在48小时以内没有通知，保险公司可以拒绝赔偿。

第六章 赔偿处理

第十七条 保险公司接到投保人的出险通知后，应当及时到达现场调查出险原因和损失情况。

投保人应当向保险公司提出被保险财产的损失清单以及有关出险原因和确定损失金额所必需的一切资料。

第十八条 保险公司对于遭受损失的被保险财产，按照下列方式计算赔偿：

（一）全部损失：按照保险金额赔偿，如果被保险财产的实际价值低于保险金额，按照实际价值赔偿；

（二）部分损失：按照损失部分的实际价值赔偿，但不得超过每一项被保险财产的保险金额。

以上被保险财产的实际价值是指灾害发生日当地的实际价值。

第十九条 损余财产属于投保人所有，经保险公司和投保人议定价值后在赔偿金额内扣除。

第二十条 保险公司收到投保人依照本办法第十七条规定提出的各项单据和必需的资料后，应当在15天内核定应否赔偿和赔偿金额，并且通知投保人。情况特别复杂或者需要报请上级保险公司审核的案件，可以延长核定期限，但至多不能超过两个月。

赔偿金额经保险公司同投保人达成协议后5天内赔付。

第二十一条 被保险财产如果遭受部分损失，保险单继续有效，但有效保险金额应当是原保险金额减去赔偿金额后的余额。

第二十二条 由于责任范围以内的原因，造成被保险财产的损失，如果应当由第三者负责赔偿，投保人必须先向第三者追偿。如果第三者不能赔偿或者赔偿不足，保险公司应当赔偿其全部或不足部分；同时，投保人应当将相当于赔偿金额部分的追偿权移转给保险公司。

第二十三条 如果投保人虚报损失或者有其他欺骗行为，保险公司查明后可以对被保险财产的虚报损失部分拒绝赔偿。如果赔款已经支付，投保人必须退还。

第二十四条 如果投保人和保险公司对于赔偿责任和赔偿金额发生争执，可以由上级保险公司决定。如果投保人不同意上级保险公司的决定，可以向人民法院提起诉讼。

第二十五条 投保人的赔偿请求权，从发生请求权的当天起，经过二年不行使，即作为无效。

第七章 附 则

第二十六条 本办法经中华人民共和国财政部发布施行。修改时同。

55. 1958年国家经济建设公债条例

（1957年11月6日全国人民代表大会常务委员会第八十三次会议通过）

第一条 中华人民共和国国务院为加速国家经济建设，逐步提高人民物质和文化生活水平，促进人民节约储蓄，特发行1958年国家经济建设公债。

第二条 本公债的募集和还本付息，一律以人民币为计算单位。

第三条 本公债发行总额定为人民币六亿三千万元，于1958年1月开始发行，1958年10月1日起计算。提前交款的，按照规定利率贴息。

第四条 本公债债券面额分为一元、二元、五元、十元、五十元和一百元六种。

第五条 本公债利率定为年息四厘，公债利息在偿还本金时一次付给，不计复利。

第六条 本公债本金分十年作十次偿还，自1959年起，每年9月30日抽签还本一次，第一、二、三、四次各抽还总额的5%，第五、六、七次各抽还总额的10%，第八、九次各抽还总额的15%，其余总额的20%于第十次还清。

第七条 本公债的发行和还本付息事宜，指定由中国人民银行及其所属机构办理。

第八条 本公债债券不得当作货币流通，不得自由买卖。

第九条 伪造本公债债券或破坏本公债的信用者，依法惩处。

第十条 本条例自1958年1月1日起施行。

56. 中国人民银行办理
1958年国家经济建设公债发行办法

（1957年12月2日）

一、本办法根据国家经济建设公债条例及财政部有关规定制定。

二、公债券之印制由总行与财政部共同办理。债券之统计与调拨，采取逐级负责掌握的办法：总行负责掌握省、自治区及中央直辖市分行（以下简称省、市分行）的统计与调拨；省、市分行以下的统计与调拨，由省、市分行根据具体情况自行制订办法。

三、债券号码由总行统一掌握，顺序拨发。各行在领入、拨发时亦可视需要自行掌握，但拨发时仍需填制“拨发国家公债债券清单”。

四、各级行在发售债券前应先将债券进行检查，遇有号码重复、漏印，漏盖部印或印刷模糊不清等情况，应即提出不予发售，俟发行结束后逐级上交分行作为余存债券处理，并将情况汇总报告总行。

遇有债券多缺情节，查明原因后由经办人及负责人在封签上会同批注。多出之债券注销后备函连同原封签逐级上交总行，由总行记录备查。缺数则填制“拨发国家公债债券清单”连同原封签备函寄交上级行，逐级记账后转报总行。

封签号码与实际债券不符，应将原封签批注随时逐级上报总行。该项债券可以发售。

五、各级行经收债款应按公债条例规定贴给利息，由经收债款内扣除。经收的债款，在不办理金库业务的行处按实收金额上划；经办金库业务的行处将辖属划来债款连同本身经收债款补足贴息金额，按票面金额当日办理交库，并按中央与地方分成比例办理分成手续。但部队系统归中央收入，不办分成手续，其贴息金额暂列255

科目“公债贴息账户”于十二月底一次逐级汇总上划总行，由财政部预拨公债贴息基金内转付。

六、在公债发行期中，省、市分行应按月汇总编制“国家公债对象交纳债款统计表”，并与分库对账相符后，至迟于次月20日前寄达总行（如因邮程关系不能汇齐，应根据已到各行及未到各行的前期数汇总先行寄总，并将与金库对账差额注明，俟汇齐后再补制一份寄总）。

七、各级行因债券尚未运到或领存券类不敷配售，应开发甲式“公债临时收据”交购债人收执，债券运到后应即公告或通知持据人换领；采取“分期交款，一次换券”办法的应开发乙式“公债临时收据”交购债人收执，待款交齐后，凭收据换发债券。

八、在发行公债期中，各级行对已开发“公债临时收据”不办提存备换手续。惟在发行截止后应根据已开发的“公债临时收据”尚未换发的“存根”联分别券类，汇总将债券如数提存备换。

九、购债人将“公债临时收据”遗失向出据行申请挂失时，经查明尚未换发债券，应准挂失。挂失办法由各省、市分行自订。

十、购债人持异地行处开发的“公债临时收据”要求代换债券时，各行应接受办理，按托收方式向原出据行换取债券转发，其往返邮寄费用，由各行自行列账。

凡非本行开发的“公债临时收据”，本行概不接受代办托收换券手续，但应婉告购债人径向原出据单位换领债券。

十一、在农村地区无银行机构或银行机构尚不能普遍照顾购债人的便利，经征得当地公债推销委员会同意后，银行可委托信用社或有条件的农业生产合作社代理收款发券，并给予千分之一至千分之三手续费。其委托代理手续，由各省、市分行自行制订。

十二、在发行公债期中，外侨回国经出示证明文件或国内购债人经当地人民委员会或公债推销委员会核准退款的，应凭证明文件办理退款手续，但应按退款当月“经收债款计算贴息办法”算出应收回的贴息，并编制特种转账传票办理退库。

十三、公债发行收款截止后，总分行间应在三个月内完成全期款券结束对账工作。省、市分行与辖属单位间结束对账时间，由省、市分行视具体情况自行规定。

十四、售余债券总行授权省、市分行集中办理销毁。个别地区如因交通不便或其他原因，集中省行有困难者，省行可视具体情况，委托省辖市分行中心支行分区集中销毁。销毁售余债券时，应请当地财政部门派员会同监销。

十五、各级行办理公债发行业务所发生的印刷、邮电、包装、运送、手续费（委托信用社及农业社）支出及其他（如刻章、宣传、广告、出差、会议费及销毁债券费用等）一切开支，与销毁债券淘浆价款收入，均以326“代垫费用收支”科目代理公债费用收支账户，有关细户由各行自行列账。

十六、有关公债发行各项具体处理手续，各省、市分行可根据本规定精神结合各行情况，自行制订补充办法。

57.国务院关于批准1957年度国民经济计划草案的决定

（1957年4月12日国务院全体会议第四十六次会议通过）

国务院全体会议第四十六次会议批准国家经济委员会提出的1957年度国民经济计划草案及其说明。国务院各部门和各省、自治区、直辖市应该按照1957年度国民经济计划，并且结合本部门、本地区的具体情况逐级分配下达并组织执行。

现在将同下达1957年度计划有关的一些问题规定如下：

（一）为了发挥各部和各省、自治区、直辖市在计划执行中的主动性和积极性，各部和各省、自治区、直辖市人民委员会在分配国务院下达的计划指标的时候，在生产方面属于全国性销售的产品可以在保证全国产、供、销平衡和保证完成国家统一分配物资的调拨计划的条件下进行适当调整；在基本建设方面在不增加投资和材料并且保证完成国家控制的主要项目和生产能力的条件下，也可以进行适当调整。季度和月度的计划，可以由各部和各省、自治区、直辖市人民委员会根据具体情况，进行安排。

各部和各省、自治区、直辖市人民委员会在调整和下达计划以后，应该立即将下达的计划报送国务院备案，同时抄送国家计划委员会、国家经济委员会和国家统计局。

各省、自治区、直辖市人民委员会在调整和下达计划以后，还应该将有关的部分分别抄送国务院各有关主管业务部门。

（二）关于检查计划的依据：在检查全国的、各部的和各省、自治区、直辖市的1957年度计划完成情况的时候，凡由国务院控制和下达的指标，一律以国务院下达的计划指标为依据；各部或各省、自治区、直辖市人民委员会对于所属各单位的年度计划完成情况的检查，一律以各部或各省、自治区、直辖市下达的计划指标为依据。

在检查季度计划的完成情况的时候，一律以各部或各省、自治区、直辖市人民委员会和所属管理局或厅、局编制和批审的季度计划为依据。

（三）各省、自治区、直辖市手工业生产计划，应该报送国务院备案，抄送国家计划委员会、国家经济委员会、中央手工业管理局和国家统计局。

58. 中国人民银行关于1957年收贷工作的指示

（1957年6月14日）

根据今年3月全国分行长会议决定精神，为了贯彻中央关于开展增产节约运动的指示，各地在发放春耕生产贷款以后，应即抓紧做好夏、秋两季以及经常性的收贷工作，这对加速农业资金周转，准备下半年和明年扶持生产的资金力量，以及实现信贷和现金收支的平衡都有极其重要意义。今年收贷工作，仍应继续贯彻去年10月国务院发布的关于农村金融工作中若干问题的指示精神去进行。要求各地接受去年夏季放松收贷工作的经验教训，把各种能收回的到、逾期贷款，努力组织收回。从当前总的情况看，今年各地普遍贯彻了勤俭办社方针和增产节约的教育，农业社的收支与去年比较都有了合理安排；很多地区多种经营有了进一步开展，农民收入有所增加；目前夏收作物大部分地区也丰收在望；有借有还的信贷原则，自去年10月国务院指示以后，在干部和群众中，已有了进一步贯彻和认识；因此，除了特重灾区以外，估计今年多收回一些贷款也是可能的。为了把今年收贷工作做得更好，特作如下指示：

一、去年收贷工作开始时期，由于对情况估计不足，对农民实际偿还能力摸底不够，因而上面的收贷要求和下面的收贷计划，普遍偏低，落后于群众的实际偿还能力，这样就使得一些应当收回而又可能收回的贷款，也没有很好收回。要求各地在编制今年收贷计划时，要抱着实事求是的精神，一方面应当根据可靠资料，正确计算到期贷款数额，另一方面，应当深入实地做好偿还能力的典型调查，根据客观材料，合理确定收回的任务数字。要求把收贷计划，订在既积极又可靠的基础上，防止过高过低，脱离实际。计划订了以后，还要注意做到长计划、短安排，工作一段、小结一段、再布置一段，各级领导要亲自动手，组织一定力量，经常深入下层，督促检查，具体帮助，有问题要及时解决，有经验要及时交流，使收贷工作不断得到改进提高，避免计划流于形式。

同时，各地在做收贷计划时，还要充分考虑到合作化以后，农民不仅有季节收入，并且由于开展多种经营，经常收入，也不断增加，因此，除了要抓紧在农民大宗出卖农、副产品的有钱季节，做好季节性收贷工作外，还要掌握农民零星收入，做好经常性收贷工作，各地要把这两项工作，全面加以安排，使之相互配合。

二、要反复向干部和群众进行收贷政策教育，要在收贷工作中，坚决执行有借有还、按期归还的信贷原则。在进行宣传教育时，首先要向干部讲清要增加农贷资金力量，主要应依靠收回再放，能多收回一些，可以扶持生产的力量也就多一些，还要讲清收贷政策与强迫命令的界限，使干部了解能收不收和不能收而硬收同样是违背政策的。对那些有偿还能力的农业社和农民，要帮助他们了解贷款不同于政府救济，贷款一定要还；还要帮助他们了解贷款对发展生产的作用，如果不按期归还贷款，不仅会削弱国家扶持生产的资金力量，也会增加自己的利息负担，以启发他们积极主动归还贷款。对少数困难较大的农业社和农民，要通过算账、帮助安排家务，根据实际偿还能力，能收的收一部分，确实无力偿还的，应给予缓期和分期收回的照顾。不过有些农业社和农民，在归还到期贷款以后，还有余力愿意提前归还尚未到期部分，银行应积极欢迎其归还，不应拒绝。对乡村干部本身的贷款，也要根据偿还能力积极收回，并教育其以身作则，在群众中起带头作用。

三、各地收贷工作，要紧密结合党政中心工作进行，要主动争取在当地党政布置农业社分配工作和安排收购和市场工作的同时，把银行和信用社的收贷工作，农村存款工作，一并加以安排。对于大宗收购前，农民零星出售产品的时候，也要注意随有随收，不要坐等收购。现在各地正在开展整风运动，而今年夏季收贷任务很大，各地在力量安排和工作部署上，要照顾到整风与业务两不误。在收贷具体作法上要注意结合农业社的分配方案，做好偿还能力的调查摸底，然后根据农、副业产品出售时间，及时收回农业社和社员个人的到期贷款。为便利群众还款，并应注意充分运用信用社干部力量，加强服务工作，做到社社有人负责，便利收贷。

四、在做好银行收贷工作的同时，各地还要注意指导和帮助信用社制订收贷和吸收存款计划，做好信用社到期贷款的收回和存款工作。这是国家银行应尽的责任，同时也是加强农村信贷资金力量的重要方法之一，各地应当普遍引起重视。去年有些地区只注意收回银行的贷款，而忽视了信用社的收贷工作；只注意收回集体贷款，而忽视了个人贷款的收回；或者在收贷工作的同时，忽视了吸收存款工作；还有些地区银行干部单纯为了完成收贷任务在收回信用社支持款时，竟采取硬扣转存款的办法，造成收贷数字的虚假现象。这些偏向，都是形成今春部分信用社资金紧张的重要原因，必须注意在今年收贷工作中加以防止和克服，要求做到银行和信用社工作，收贷和存款工作都有合理安排，都不被忽视。收贷中，如遇到有的农业社和农民，因为偿还能力有限，不能同时还清银行和信用社的到期贷款时，银行和信用社都可以斟酌少收一部分贷款，不要只顾一家收贷。

五、国营农场的到期贷款，也应根据农业生产的收获季节和其他收入，及时组织收回。国营农场贷款，是一种短期周转性的贷款，它的还款期限应当根据产品的收获季节，适当确定，当农场产品销售，资金回转时，即应抓紧收回到期贷款。那种认为农场贷款没有回收季节，用不着催收，只等待农场自动归还贷款的想法，是不现实的。为了贯彻农场贷款有借有还和按期归还的原则，加强贷款的周转运用，要求各地抓紧夏收的有利时机，组织力量，深入农场了解产品收获情况，核算实际偿还能力，并采取适当措施，督促农场及时处理产品，收回到期贷款，特别是去年贷款收回情况不很好的地区，更应很好总结以往的经验教训，积极做好今年的收贷工作。

六、做好旧贷清理工作，为收贷工作扫除障碍。有些地区已开始进行旧贷清理工作，也有些地区还没有开始。凡是没有开始或虽已开始尚未结束的地区，都应当在今年收贷前结合收贷工作，进行一次彻底清理。要求通过清理，弄清过去农贷中的一些遗留问题，特别是要帮助农业社弄清升级、并社、扩社或大社改小社中的一些债权债务关系问题，以利收回。对信用合作社贷款中的遗留问题，也要一并进行清理。旧贷较多，问题较复杂，清理起来过于费时费力的地区，可以先清理主要问题，不要因清理旧贷而影响收贷工作的进行。

以上各点，希研究执行。

59. 国务院关于编制1958年国家预算草案的指示

（1957年11月4日）

1958年国民经济计划指标业已颁发，1958年国家预算草案亟须编造，兹将有关编造预算草案的若干问题指示如下：

（一）编造1958年国家预算草案的方针

1957年全国开展了增产节约运动，取得了巨大的成绩，国民经济计划和国家预算的执行情况基本上是良好的。1958年的国家预算，应当在继续开展增产节约运动的条件下，根据中共中央所提出的在优先发展重工业的基础上，大力发展农业使工农业同时并举的方针和第二个五年计划期间发展国民经济的基本原则，瞻前顾后，统筹安排。编造1958年国家预算收入的时候，必须充分考虑到各种增加收入的积极因素，把收入计划打得积极可靠，以适应国家建设的需要。编造1958年国家预算支出的时候，应当根据财力、物力的可能，首先保证经济建设的需要，并且应当根据当前建设事业发展的要求，适当地调整各项投资的比例，对农业的投资，对促进农业发展有关的工业投资，对原材料工业的投资，必须有适当的增加，以加速农业的发展和原材料工业的发展。对于文化教育卫生事业经费，应当根据整顿巩固、提高质量、稳步前进的方针，加以安排。对于行政费必须继续努力节减，最多只能保持1957年的支出水平。国防费从总的方面说，可以维持1957年的水平，个别部门和个别项目要求比1957年还要减少。无论是经济部门、文化教育部门和其他部门，都必须贯彻执行勤俭建国的方针，大力节约管理费用，减少非生产性支出，把节省下来的钱用到国家建设最急需的方面去。为了促进国民经济全面地发展，1958年国家预算的安排，还必须同银行信贷和国家物资供应的安排密切结合，更好地实现财政、信贷、物资的平衡。

（二）核算和编造各项收支的要求

编造1958年国家预算的时候，要首先总结过去几年国家预算执行中所取得的经验教训，研究今后国民经济的发展情况，并且根据1958年国民经济计划规定的各项经济指标以及增加收入和节约支出的实际可能，反复进行核算。在收入方面，必须积极挖掘潜力，既要抓紧主要的收入，也不能忽视次要的收入；在支出方面，必须削减一切不必要的支出，核减次要的支出，以保证主要的支出。现在提出若干具体要求如下：

一、关于各项税收的编列。各部门、各地区应当根据1958年的工农业生产计划、商品流转计划和市场情况，并且充分估计到增加税收的各种有利因素，按照现行税制和物价计算编列税收数字。根据经济发展的情况，1958年某些生产计划指标可能还要提高一些，因此，各部门、各地区还应当考虑到某些生产指标将要提高的情况核算税收数字，努力超过财政部分配的指标数字。

二、关于企业收入的编列。各经济部门应当努力提高劳动生产率、降低成本，并且大力精简非生产人员和节约企业管理费用，更多地增加上缴利润。如前所述，由于1958年某些生产计划指标有可能再提高一些，所以，各经济部门应当考虑到某些生产指标将要提高的情况核算企业收入，努力超过财政部分配的指标数字。目前在中央和地方都还有一些亏损企业，其中凡是由于经营管理不善造成的，有关部门应当积极地监督这些企业努力改善经营管理，逐步转变为盈利的企业。公私合营企业经过近一两年的整顿，业务发展很快，财务工作逐步加强，应当为国家提供更多的积累。为了便利财务管理，从1958年起，这些公私合营企业的收支除公私合营商业外，都改按全额列入国家预算。1958年中央国营企业和中央公私合营企业将要实行国家和企业的利润分成办法，但是，这种分成办法尚未正式下达，目前除地方预算按照20%比例分成的那一部分收入，可以由地方暂按国营企业实行利润分成的初步办法概略计算编列以外，中央各经济部门编造1958年财务计划草案，都暂按现行财务管理制度计算编列，俟国营企业实行利润分成的办法正式下达以后，再按新的规定调整财务计划，并且相应地调整地方预算中编列的分成收入数字。地方国营企业和地方公私合营企业是否比照国营企业实行国家和企业的利润分成办法，由地方自行决定。

三、关于基本建设拨款的编列。各部门、各地区对于1958年基本建设投资计划的安排，应当先保证1957年应完未完工程的投资，后安排1958年新建工程的投资；先保证主要工程项目的投资，后安排次要工程项目的投资；并且要提高生产性投资的比重，降低非生产性投资的比重；提高机器设备安装投资的比重，降低土木建筑投资的比重。1958年各项必不可少的基本建设工程项目，必须首先保证。要防止以新工程项目挤垮年度工程项目，以次要项目挤主要项目，或者有意无意地遗漏一些工程项目，留待以后另向财政部要钱。基本建设投资的安排应当力求节约，要求中央各部在投资计划控制数字以内争取节约7—10%，地方争取节约3—5%。这部分节省下来的资金，仍由中央各部门和各地区自行掌握使用。在使用的时候，首先应当用于解决基本建设投资计划中的遗留问题以及需要支付的窝工费用，然后再使用到急需的建设事业上去。如果增加新的建设项目，应当按照规定的程序报经国家经济委员会批准，并且纳入统一的基本建设投资计划以内。基本建设中用于为下年度储备器材设备的定额资金，应当控制在定额范围以内，并且应当结合国家物资供应计划和国外进口计划所列物资进行编列。基本建设的内部资源，必须充分加以动员，抵付基本建设拨款。1957年各建设单位积压的器材设备，应当由有关部门在当地党政统一筹划之下，相互调配使用，积极加以处理。

四、关于企业流动资金的核定。各经济部门应当要求所属企业大力加速资金的周转，减少流动资金的占用。在核定企业流动资金的时候，对于某些企业因为超额储备多占用流动资金的，要检查形成的原因，提出处理办法，凡是应当和可能处理的，都要积极地进行清理调拨，以减少资金的积压。对于企业正常需要的定额流动资金，应当根据上一年企业在储备、生产、流通环节中使用流动资金的情况，并且根据生产的发展、商品流转额的扩大、成本的降低、供销条件的改善和经营管理水平的提高，提出加速流动资金周转的要求，切实加以核算，从严核定。为了加强企业流动资金的管理，规定从1958年起，地方国营企业和地方公私合营企业当年所需增拨的流动资金，30%仍由地方预算拨款，70%改由银行贷款解决。中国人民银行发放流动资金的具体办法，由财政部会同中国人民银行另行规定。

五、关于紧缩各项事业费用和行政管理费用。应当想尽一切办法节约经济建设、文化教育事业费用和行政管理费用。1958年必须认真精简机构和人员编制，改变人浮于事的现象。1958年职工的工资标准不变，各项公用经费开支标准，应当在1957年实际执行的基数上继续降低。企业管理机构和事业单位的公用经费开支标准，凡是有可能实行行政机关开支标准的，都应当按照当地行政机关的开支标准执行。1958年企业、事业单位和行政机关，一般应当停建办公楼、礼堂、招待所和疗养院等工程，尽量减少设备购置，以进一步压缩社会集团购买力，缩小市场物资供应的差额。

六、关于总预备费的设置。中央预算和地方预算，都应当根据需要与可能，设置适当数目的总预备费，以解决在预算执行过程中临时发生的某些事前预料不到的支出。地方预算除了设置总预备费以外，还应当注意充实预算周转金。中央各部门可以在分配各该部门的支出总额范围以内，对基本建设投资和各项事业费酌留一定比例的准备金。

七、关于地方预算外收入和年终结余的处理。各地工商税收附加，从1958年起统一改为按四种税收（商品流通税、货物税、工商业营业税、工商业所得税）的总额附加1%。农业税收附加的比例，粮食作物地区一般不超过正税的15%，经济作物地区可以高于15%，但最高不能超过30%（关于经济作物地区增加附加税的问题，国务院将另行以命令下达，各地得到国务院通知以后，才能增加该项附加）。上述两项附加暂由地方人民委员会另行管理，不列入国家预算。城市公用事业附加，采取以收抵支办法，不列入国家预算。其他预算外资金，由地方自行整顿处理。1957年单位预算的年终结余，除了国防费的年终结余以外，应当交回各该级总预算，各单位不得以任何形式留用。地方预算的年终结余，全部留给地方，由地方根据自己的需要，以一部或者全部安排1958年的支出。

（三）在中央和地方预算的收支划分上应当注意的几个问题

1958年中央预算和地方预算的收支划分，应当按照改进财政体制的有关规定办理。今后地方预算的编造和执行，由地方在自己的收支范围以内，根据党和政府所规定的有关方针政策，自行安排处理。编造1958年预算的时候，在中央和地方预算收支的划分上，应当注意以下几个问题：

一、编造1958年中央预算和地方预算，基本上应当以现行的财务管理制度和当前企业、事业的划分情况为准，将来如果税收制度有所改变，企业、事业的隶属关系有所改变，再相应地调整中央预算和地方预算的收支。例如：由于进行税制改革而使地方预算增加收入的时候，应当相应地调低地方预算的收入分成比例；中央各部将所属企业、事业单位下放给地方管理的时候，下放的企业、事业单位所需的支出，应当如数下划，列入地方预算管理。

二、按照改进财政体制的规定，1958年部分中央国营企业和公私合营企业的收入要同地方实行比例分成，中央各主管部门在对这些企业下达生产计划指标、财务计划指标以及正式核批的财务计划的时候，应当及时抄致当地省、自治区、直辖市财政厅（局）一份，企业单位在上报财务计划草案的时候，也应当抄致财政厅（局）一份，以便地方财政机关了解这些企业的财务情况，参与监督，并且据以编造地方预算的企业收入分成数。

三、今后在地方预算执行过程中，如因重大灾荒，预算收入减收较多，以及需要增加救济、防汛、复堤、堵口等支出的时候，中央应当给予必要的补助。因灾影响了当年收入的，中央给予补助的数额，以能保证该地区当年支出的最低需要为准；因灾影响了下一年度收入的，中央在下一年度给予补助的数额，以使地方预算支出能够维持上一年度实际支出的水平为准。至于因灾需要增加的救济、防汛、复堤、堵口等支出，则由中央根据实际需要专案核拨。

四、今后地方预算需要增加新的支出的时候，按照这样的原则处理：中央各部门要求由地方举办的建设事项，由中央各部门在本部门的当年预算内拨款；中央各部门建议地方举办的建设事项，地方可以根据具体情况考虑举办或者不办，如果举办，由地方自行解决支出；地方自行举办或者报请中央批准举办的建设事项，所需费用由地方在本地区预算内解决。

（四）预算草案的编造程序和报送期限

1958年国家预算必须提早编成，提早定案。各部门和各地区应当进一步加强编造预算的组织工作，提高质量，按期上报。预算草案的编造程序和报送期限规定如下：

一、中央各部门负责编造财务收支计划、经费预算和收入计划草案，在1957年11月20日以前，以一式三份送达财政部，并抄送国家经济委员会。

二、各省、自治区、直辖市负责汇总编造各该省、自治区、直辖市预算草案，在1957年11月30日以前，以一式三份送达财政部，并抄送国家经济委员会。

三、财政部负责审核中央各部门提送的收支计划草案和地方提送的地方预算草案，汇总编造1958年国家预算草案，在1957年12月20日以前报送国务院，并抄送国家经济委员会。

编造1958年预算所适用的预算科目、预算表格，由财政部颁发。编造1958年中央预算和地方预算中的具体问题，由财政部另发补充规定，希望一并执行。

60. 国家建设征用土地办法

（1953年11月5日政务院第一百九十二次会议通过　经中央人民政府主席批准　1953年12月5日政务院公布施行　1957年10月18日国务院全体会议第五十八次会议修正　1958年1月6日全国人民代表大会常务委员会第九十次会议批准　1958年1月6日国务院公布施行）

第一条　为适应国家建设的需要，慎重地妥善地处理国家建设征用土地问题，制定本办法。

第二条　国家兴建厂矿、铁路、交通、水利、国防等工程，进行文化教育卫生建设、市政建设和其他建设，需要征用土地的时候，都按照本办法的规定办理。

第三条　国家建设征用土地，既应该根据国家建设的实际需要，保证国家建设所必需的土地，又应该照顾当地人民的切身利益，必须对被征用土地者的生产和生活有妥善的安置。如果对被征用土地者一时无法安置，应该等待安置妥善后再行征用，或者另行择地征用。

国家建设征用土地，必须贯彻节约用地的原则。一切目前可以不举办的工程，都不应该举办；需要举办的工程，在征用土地的时候，必须精打细算，严格掌握设计定额，控制建筑密度，防止多征、早征，杜绝浪费土地。凡有荒地、劣地、空地可以利用的，应该尽量利用；尽可能不征用或者少征用耕地良田，不拆或者少拆房屋。

第四条　征用土地，须由有权批准本项建设工程初步设计的机关负责批准用地的数量，然后由用地单位向土地所在地的省级人民委员会申请一次或者数次核拨；建设工程用地在三百亩以下和迁移居民在三十户以下的，可以向土地所在地的县级人民委员会申请核拨。

用地单位申请核拨用地时，须送交征用土地申请书（详细注明土地的属境、位置和经批准的数量），并附对被征用土地者的补偿、安置计划，以及经批准的建设工程初步设计文件（附平面布置图），施工时间文件和土地所在地的县级或者乡、镇人民委员会的书面意见；但是申请核拨铁路、公路路线用地和国防工程用地，送交上述某种附件确有困难的时候，经过批准用地数量的机关的同意，可以免交或者以后补交。

第五条 土地经核拨以后，用地单位应该协同当地人民委员会向群众进行解释，宣布对被征用土地者补偿安置的各项具体办法，并给他们以必要的准备时间，使群众在当前切身利益得到适当照顾的情况下，自觉地服从国家利益和人民和长远利益，然后才能正式确定土地的征用，进行施工。如果征用大量土地，迁移大量居民甚至迁移整个村庄的，应该先在当地群众中切实做好准备工作，然后把有关征用土地的问题，提交当地人民代表大会讨论解决。

第六条 遇到临时抢险或者紧急用地的情况，如果事前来不及完全按照本办法第四条、第五条的规定办理，可以先行进入地内施工，同时尽快补办征用土地的手续，并向群众进行解释。

第七条 征用土地，应该尽量用国有、公有土地调剂，无法调剂的或者调剂后对被征用土地者的生产、生活有影响的，应该发给补偿费或者补助费。

征用土地的补偿费，由当地人民委员会会同用地单位和被征用土地者共同评定。对于一般土地，以它最近二年至四年的定产量的总值为标准；对于茶山、桐山、鱼塘、藕塘、桑园、竹林、果园、苇塘等特殊土地，可以根据具体情况变通办理。

遇有因征用土地必须拆除房屋的情况，应该在保证原来的住户有房屋居住的原则下给房屋所有人相当的房屋，或者按照公平合理的原则发给补偿费。

对被征用土地的水井、树木等物和农作物，都应该按照公平合理的原则发给补偿费。

第八条 被征用土地的补偿费或者补助费以及土地上房屋、水井、树木等附着物和农作物的补偿费，都由用地单位支付。

征用农业生产合作社的土地，土地补偿费或者补助费发给合作社；征用私有的土地，补偿费或者补助费发给所有人。土地上的附着物和农作物，属于农业生产合作社的，补偿费发给合作社；属于私有的，补偿费发给所有人。

第九条 征用农业生产合作社的土地，如果社员大会或者社员代表大会认为对社员生活没有影响，不需要补偿，并经当地县级人民委员会同意，可以不发给补偿费。

征用农业生产合作社使用的非社员的土地，如果土地所有人不从事农业生产，又不以土地收入维持生活，可以不发给补偿费，但必须经本人同意。

第十条 征用城市市区内的房屋地基，如果房屋和地基同属一人，地基部分不另补偿；如果分属两人，可以根据地基所有人的生活情况酌情补偿。

市区内没有收益的空地，可以无偿征用。

第十一条 用地单位对准备申请征用的土地进行测量、勘探的时候，应该先征得当地人民委员会和土地所有者的同意。如果测量、勘探使土地所有者受到损失，应该适当补偿。

第十二条 用地单位或者施工单位在修建工程进行中，需要临时使用征用范围以外的土地，作为堆存材料的场所和运输道路等，商得当地人民委员会和土地所有者的同意后，可以租用或者借用。因进行修建工程而使未被征用的土地受到损失的时候，用地单位或者施工单位应该给土地所有者以应得的补偿。

第十三条 对因土地被征用而需要安置的农民，当地乡、镇或者县级人民委员会应该负责尽量就地在农业上予以安置；对在农业上确实无法安置的，当地县级以上人民委员会劳动、民政等部门应该会同用地单位设法就地在其他方面予以安置；对就地在农业上和在其他方面都无法安置的，可以组织移民。组织移民应该由迁出和迁入地区的县级以上人民委员会共同负责。移民经费由用地单位负责支付。

第十四条 已经征用的土地，所有权属于国家。用地单位应该将征用的土地，绘图造册，一式两份，送当地县或者市人民委员会审核盖印后，一份存县或者市人民委员会备查，一份由用地单位自己保存。

第十五条 已经征用的土地，如果用地单位因计划变更或者其他原因不使用或者不全部使用，必须把不使用或者多余的土地交由当地县级人民委员会拨给其他用地单位使用或者交给农民耕种。

已经征用的土地，如果在种植一季农作物的期间暂不使用，在不妨碍建设用途的条件下，应该交给农民继续耕种。对有农作物正在生长的土地，应该尽可能等到收获以后动用。

第十六条 被征用土地内的坟墓需要迁移的时候，由当地人民委员会通知坟主迁移。用地单位应该发给适当的迁葬费，并照顾当地的风俗习惯妥善处理。无主的坟墓，由用地单位代迁。无地迁葬的，由当地人民委员会协助找地迁葬。迁移烈士的坟墓应该通知当地县级以上人民委员会。

被征用土地内，如果有值得保存的文物和名胜古迹，用地单位和施工单位应该会同县级以上人民委员会文化部门妥善处理，负责保护。

第十七条 用地单位或者施工单位在修建工程进行中，对于同当地人民群众的生产、生活有密切关系的水源、渠道、交通等，应该会同当地人民委员会妥善处理，不准轻易阻断和破坏。

第十八条 国家建设需用国有、公有土地，应该按照本办法第四条和第五条的规定申请核拨，并且向群众进行解释。

拨用农民耕种的国有、公有土地的时候，可以根据他们的生活情况，由用地单位给以适当补助。对地上附着物、农作物的补偿和对原耕种这些土地的农民的安置，分别按照本办法第七条和第十三条的规定办理。

拨用国家机关、部队、企业、学校、人民团体等单位正使用着的国有、公有土地的时候，对原使用单位迁建所必需的房屋和地基等问题，由当地县级以上人民委员会会同申请用地单位和原使用单位，本着紧缩用地、用房和节省国家财政开支的原则协商处理。原使用单位能够自行解决的，尽量自行解决；原使用单位无法自行解决的，尽量采取互换、调剂办法解决，无法互换、调剂的，由申请用地单位给予适当补偿。

第十九条 原来依靠公有土地收入兴办的公益事业，在这项土地被拨用后，仍须续办而经费无着的，应该由当地人民委员会按照事业的性质分别在主管部门的事业经费内开支；如果无法开支，应该及时报请上级人民委员会解决。

第二十条 公私合营企业、信用合作社、供销合作社、手工业生产合作社用地以及群众自办的公益事业用地，可以向当地县级以上人民委员会提出申请，获得批准后，援用本办法的规定办理。

第二十一条 县级以上人民委员会和用地单位的上级机关，应该对已经征用土地的使用情况，经常进行监督检查。如果发现用地单位和施工单位有违反本办法的规定浪费土地和损害群众利益的现象，应该及时予以纠正，情节严重的，应该追究责任，严肃处理；对征而不用和多余的土地，在不妨碍建设用途的情况下，必须及时收回。

县级以上人民委员会，应该将征用土地的情况和问题，定期综合上报。

第二十二条 各省级人民委员会可以根据本办法的规定，结合当地的具体情况，制定实施办法，报国务院备案。

民族自治地方的自治机关，可以根据当地的具体情况，参照本办法规定的基本原则，制定本地区征用土地的办法；也可以参照本办法变通办理。

61.关于国家建设征用土地办法修正草案的说明

国务院副秘书长　陶希晋

委员长、各位副委员长、各位委员：

现在我对国家建设征用土地办法修正草案，作以下几点说明：

（一）“政务院关于国家建设征用土地办法”自从1953年12月5日公布施行以来，对于国家建设征用土地和处理被征用土地者的生产、生活问题，都起了积极的保证作用。近几年来，由于社会主义建设和社会主义改造突飞猛进，高级农业生产合作社已普及全国，生产资料所有制发生了根本变化，原办法对于当前在征用土地工作中所发生的许多新的问题已不能完全适应；与此同时，有些中央国家机关和省、市，为了解决这些新的问题，根据原办法的基本精神，先后发布了一些规范性文件，现在看来，其中也存在着有些抵触和不切实际的现象。因此，国务院认为原办法的许多规定有作统一修改的必要。在修改过程中，由国务院法制局对有关这方面的法规作了系统的整理，并就各项问题进行了多方面的调查研究，提出了修正草案。此项修正草案，业经国务院全体会议第五十八次会议讨论通过，现在提请全国人民代表大会常务委员会审议批准。

（二）关于修正草案中的几个主要问题：

一、这次对原办法的修改，首先着眼的是节约用地。八年多来，国家因建设征用的土地约在两千万亩以上。这些土地的征用，大部分是必需的，保证了社会主义建设事业的迅速发展。但是，在有的地区和某些单位，多征少用、早征迟用甚至征而不用等浪费土地的现象，也相当严重。根据河北、成都、武汉、长沙、北京、杭州等省市1956年的检查，几年征用土地中浪费的土地约占40%。太原市二十二个建设单位征用土地一万多亩，荒芜五千多亩，达到50%。

浪费土地的原因，固然同大规模进行社会主义建设经验不足有关，而原办法对于节约用地、防止土地浪费，规定得不够具体细致，特别是缺乏明确的监督检查制度，也有很大关系。自从1956年1月国务院发布关于纠正与防止国家建设征用土地中浪费现象的通知，要求各地对已征土地的使用情况进行经常检查以后，情况有好转。比如，河北省由于对已征土地的使用情况经常进行检查，浪费土地的百分比已由1955年的34.8%下降到1956年的9.3%。为了进一步强调节约用地，建立与健全监督检查制度，修正草案的第三、第十五、第二十一等条规定：一切目前可以不举办的工程，都不应该举办；征用土地必须精打细算，严格控制建筑密度，防止多征早征；已经征用的土地，如果因计划变更而不使用或有多余，必须及时交回；县级以上人民委员会和用地单位的上级机关，必须对使用土地的情况经常进行监督检查，发现征而不用和征多用少的土地，应当及时收回交给当地农业生产合作社耕种。

审批程序的确当与否，是控制用地、防止土地浪费的关键。原办法关于征用土地的批准权，一则中央集中的较多，二则以全国性或者地方性的建设事业用地来区别中央或者地方政府批准的权限，也不很合理，再加以批准建设工程初步设计的机关同批准用地数量的机关又不统一，因此在执行中都遇到了一些实际困难。为了符合中央关于行政管理权限适当下放的精神和更切合实际地控制用地，修正草案规定：征用土地必须由有权批准本项建设工程初步设计的机关负责批准用地的数量，然后由用地所在地的省级或者县级人民委员会本着尽量用荒地、劣地、空地的精神具体核拨用地。根据最近几年来的经验，这样的规定，亦即是由有权批准建设工程初步设计的机关一并负责批准用地数量，才能更有效地合理地掌握用地，防止土地浪费。在省、县两级人民委员会核拨用地的时候，如果用地虽在三百亩以下，但迁移居民超过三十户，或者迁移居民虽在三十户以下，但用地超过三百亩，都必须由省级人民委员会核拨。这是因为在这种情况下，由省级人民委员会掌握较为稳妥，同时也照顾到县级人民委员会处理这类问题的实际困难。

二、关于征用土地的补偿问题。在原办法制定的时候，征用土地发补偿费的对象是个体农民；农业合作化以后，发补偿费的对象应当是农业生产合作社。土地补偿标准，原办法规定为三年至五年的产量总值；鉴于农业合作化以后农民的生产、生活都有所提高，原来的标准，就显得有些过高，同时原办法规定的产量在计算上也不明确，修正草案本着既照顾群众利益又节省国家开支的原则，将补偿标准改为二年至四年的定产量总值。从几年来的实际经验来看，各地土地定产量和农民生活水平都有所不同，对补偿标准规定这样的幅度是适当的。此外，由于群众政治觉悟提高，有的被征用了少量土地的农业生产合作社认为不影响它们的生产和社员的生活，表示热情支援国家建设，不要补偿费。对于群众的这种精神，国家应予鼓励；但必须注意掌握，既要防止对群众的政治热情估计不足，又要防止不很好考虑群众在被征用土地后生产和生活是否会受到影响。所以修正草案第九条第一款规定："征用农业生产合作社的土地，如果社员大会或者社员代表大会认为对社员生活没有影响，不需要补偿，并经当地县级人民委员会同意，可以不发给补偿费"。另一种情况，征用农业社使用的非社员的土地（如社员在入社前租来，典来或者受亲友委托代种、代管而由他们带着入了社的土地），各地认为如果该土地所有人不从事农业生产又不以土地收入维持生活，可以不发补偿费。我们觉得可以这样做，但也必须经本人同意为宜。修正草案第九条第二款就是这样规定的。

三、关于对被征用土地者的安置问题。原办法对于就地在农业上安置强调不够，被征用土地的农民过多地要求转业，这同国家多动员人"下乡上山"的方针不相符合。又原办法对于组织移民也规定的不够明确具体，有的地方曾因草率移民造成了劳民伤财的不良影响。修正草案针对着这些情况，首先强调在不影响生产、生活的原则下尽量就地在农业上安置；如果必须组织移民时，迁出和迁入地区的县级以上人民委员会必须共同切实负责。在组织移民时，应特别注意，迁入地区必须有长期定居的生产条件。

四、几年来在拨用国家机关、部队、企业、学校、人民团体等单位正在使用着的国有、公有土地时，原使用单位对于拨用的交换条件，往往要求过高，而申请用地单位则有的对原使用单位的要求，应该解决的也不予解决。为了便于解决这些问题，本着勤俭建国的精神，在修正草案第十八条第二款作了补充规定。

（三）鉴于原办法的几个根本原则，现在看来还是正确的，几年来各地对原办法的执行也比较熟悉，所以对原办法未作重新起草，而只作若干的必要修改，并且仍然沿用了原办法的名称；原条文中凡是可以不改动的，亦都尽量予以保留，不作改动。特别须指出的，原办法第五条关于征用土地必须向群众进行解释的规定，几年来执行的经验证明很好，所以修正草案仍保留这规定。我们认为象处理征用土地这样直接关系到群众生产和生活的大事，必须认真贯彻群众路线，使群众在当前切身利益得到适当照顾的条件下，自觉地服从国家利益和人民的长远利益，才能做好。事实上，我们国家因建设而征用土地，同广大群众的利益是一致的，只要向群众充分地解释清楚，就会取得群众的同意和支持。因此，坚决贯彻群众路线是保证做好土地征用工作的一个重要关键。

62. 中华人民共和国地方经济建设公债条例

（1958年6月5日第一届全国人民代表大会常务委员会第九十七次会议通过）

第一条 为了便于各地筹集工农业大跃进所需要的资金，促进人民节约储蓄，有利于鼓足干劲、力争上游、多快好省地建设社会主义，制定本条例。

第二条 省、自治区、直辖市认为确有必要的时候，可以发行地方经济建设公债，由各该省、自治区、直辖市人民委员会统一办理。

省、自治区所属专员公署和自治州、县、自治县、市人民委员会推销的公债收入，大部分应当留归各该专区和自治州、县、自治县、市支配，一部分由省、自治区调剂使用。

第三条 省、自治区、直辖市对于地方经济建设公债的发行数量，应当根据需要和可能加以控制，并且必须在自愿认购的原则下组织推销，不要使工人、农民和其他劳动人民因为认购过多而造成生活上的困难。

第四条 地方经济建设公债的票面金额不宜过高。公债的利息，年利率一般不宜超过2%，在必要的时候，也可以发行无息公债。

第五条 地方经济建设公债可以分期偿还，偿还期限，一般不宜超过五年。利息于还本时一次付清。

第六条 地方经济建设公债债券不得当作货币流通，不得自由买卖。

第七条 伪造地方经济建设公债债券或者破坏公债信用的，依法惩处。

第八条 地方经济建设公债的发行，应当由省、自治区、直辖市人民委员会拟订具体办法，经本级人民代表大会通过后执行，并且报国务院备案。

63. 中国共产党中央委员会、国务院关于改进计划管理体制的规定

（1958年9月24日国务院全体会议第八十次会议通过
1958年9月24日发布）

为了适应工农业生产大跃进的形势和管理体制改进的情况，并使社会主义经济的计划管理制度简明易行，以便充分发挥各方面的积极性，多快好省地建设社会主义。现在根据统一计划、分级管理、加强协作、共同负责的原则，和“重点建设、枝叶扶持”的要求，对计划管理体制作如下的规定：

一、国家计划必须统一，各地方、各部门的经济、文化的建设都应当纳入全国统一计划之内。全国的年度计划和远景计划的编制、地区经济的合理布局和全国计划的综合平衡，由中央计划机关负责进行。

在全国统一的计划中，中央管理的主要是：

主要工农业产品（如钢铁、粮食等）的生产指标；

全国基本建设投资，重大建设项目和主要产品的新增生产能力；

重要的原材料、设备和消费品的平衡和调拨；

进出口的贸易总额和主要商品量；

全国财政收支，各地方财政收入的上缴和支出的补助，以及信贷的平衡和资金的调拨；

高等学校招生计划及留学生派遣计划的统筹安排；

工资总额，职工总数，全国范围内的科学技术力量、劳动力的调配；

铁路的货运量和货物运输周转量；

中央各部直接管理的企业、事业单位的计划和主要技术力量。

二、在国家的统一计划的前提下，实行分级管理的计划制度，以充分发挥地方的积极性。

（一）各省、自治区、直辖市在计划工作方面的主要任务是：根据中央所确定的方针，负责综合编制本地区内全部企业、事业单位（包括中央管理的、地方管理的企业、事业单位和各县的计划在内）的计划草案；组织本地区所有中央和地方的企业、事业单位采取各项有效措施，完成和超额完成国家计划以及协作区所规定的任务。

各省、自治区、直辖市在保证完成国家规定的任务和保证重点的条件下，对本地区的经济、文化建设，有以下调整和安排的权限；

在确保完成国家规定的生产任务的条件下，可以对本地区的工农业生产指标进行调整和安排；

在确保完成新增生产能力和重大建设项目计划以及不增加国家投资的条件下，可以对本地区内的建设规模、建设项目、投资使用等方面进行统筹安排；

在确保完成国家规定的重要的原材料、设备和消费品的调拨计划的条件下，对本地区内的物资可以调剂使用；对重要产品的超产部分，除了少数重要产品必须经中央批准后才能动用外，一般的都可以按照一定的分成比例自行支配使用；在分配原材料和设备的时候，应当照顾小企业、手工业合作社、农业生产合作社和人民公社的需要；

在确保完成财政收入上缴任务或不增加国家补助的条件下，对超收分成和支出结余部分，以及本地区的其他资金，可以自行支配使用；

在确保完成国家的劳动计划和技术力量调配任务的条件下，对本地区内的劳动力和技术力量，可以统筹安排；

对商业、地方交通、邮电、文教卫生、城市建设等等，可以进行统筹安排；

省、自治区、直辖市以下地方的分级管理办法，由各省、自治区、直辖市参照上述办法自行规定。

（二）各协作区在计划工作方面的主要任务是：

组织本协作区内各省、自治区、直辖市采取积极措施，保证完成和超额完成国家计划，并在第二个五年计划期内根据具体情况建立本协作区比较完整的工业体系；

根据本协作区内各省、自治区、直辖市所编制的计划草案，进行综合平衡和必要的调整；

在保证完成国家各项调拨任务的条件下，在本协作区内的各省、自治区、直辖市之间，组织生产、建设、培训干部和其他方面的协作，以及进行物资、商品、劳动力、投资等方面的调剂工作。

（三）中央各部门在计划工作方面的主要任务是：

在各省、自治区、直辖市和各协作区全面规划的基础上，进行各主管行业的规划工作，使各主管行业的生产能力，根据各地方的资源和有关条件，在全国范围内，逐步地尽可能地做到合理的分布；

根据本部门直接管理的和地方管理的同类企业、事业单位所提出的计划草案，综合编制本部主管行业、事业的全国的生产、事业和基本建设计划草案；

对于本部门主管的产品，本地区之间组织协作和进行差额调拨、分配工作；在调拨、分配物资的时候，应当给予地方以必要的机动；

协助各地方安排地方不能平衡的产品，解决主管行业在计划执行中存在的重大困难问题。

（四）中央在必要的时候，可以对地方计划管理的范围进行适当的调整。

三、实行在中央集中领导下，以地区综合平衡为基础的、专业部门和地区相结合的计划管理制度，以贯彻执行计划工作中的群众路线。

（一）自下而上地逐级编制计划和进行综合平衡。各区、乡、社的经济、文化建设都应当纳入县的统一计划之内；各县、专区的计划经过综合平衡以后，都应当纳入省、自治区、直辖市的统一计划之内；各省、自治区、直辖市的计划经过各协作区综合平衡以后，都应当纳入全国的统一计划之内；中央各部门在地区平衡的基础上，编制全国范围的专业计划，作为全国统一计划的一个组成部分，中央计划机关在地区平衡和专业平衡的基础上，进行全面的综合平衡，编制国家的统一计划。国家计划在执行过程中，应当按期进行检查，必要时进行适当调整，以便促进国民经济的不断跃进。

（二）在保证重点和保证完成国家计划的条件下，应当发扬共产主义精神，加强协作，互相支援，共同发展。重大的经常的协作关系，应当纳入计划，进行管理。

四、计划的编制程序和计划表格应该力求简化，统计应该力求确实。

计划编制办法、工业产品分级管理的目录、物资分配的办法和基本建设项目的审批办法等，分别由各有关部门负责制定。

五、凡是过去有关计划管理制度的规定与本规定相抵触的，一律作废。

64. 中国共产党中央委员会、国务院关于改进物资分配制度的几项规定

（1958年9月24日国务院全体会议第八十次会议通过
1958年9月24日发布）

为了适应社会主义建设的需要，根据统一计划、分级管理、共同负责、保证重点的原则，实行在全国统一计划下的、以地区管理和地区平衡为主的物资调拨制度。为此，特作如下规定：

（一）主要的原材料和设备，由中央统一分配。不在中央统一分配范围内的原材料和设备，由各省、市、自治区、各专区、各县分别制定产品目录和分配计划进行统一调度。在必要的时候，有些属于地方管理的产品，也可以由中央有关部门召集全国性的产销平衡会议，加以安排。

（二）凡属中央统一分配的原材料和设备，由中央各主管部门负责同省、市、自治区协商，编制该地区的年度的调出调入计划，在国家计划委员会综合平衡后，报请中央审查、批准。在执行过程中，国家计划委员会、国家经济委员会和国家基本建设委员会可以根据具体情况进行必要的调整。

（三）机械产品的分配应当分工负责。冶金设备由冶金工业部负责，发电设备由水利电力部负责，化肥设备由化学工业部负责，水泥设备由建筑工程部负责，采油炼油设备由石油工业部负责，采煤设备由煤炭工业部负责，纺织机械由纺织工业部负责，机车、车辆由铁道部负责，拖拉机及其他农业机械由农业部负责，汽车、卡车、船只由交通部负责，其他主要机械产品都由第一机械工业部负责。

生铁、钢材和其他金属材料，除钢轨由铁道部负责统一分配外，

都由冶金工业部统一分配。

（四）中央所属的企业单位和事业单位，其生产、基本建设所需要的物资，都向所在地的省、市、自治区的计划机关提出申请，由省、市、自治区的主管机关组织供应。但是，国防部、第二机械工业部、铁道部和第一机械工业部的军工生产单位所需要的物资，民航公司所需要的燃料，以及国家出口、援外和储备所需要的物资，仍由各该主管部门自己申请调拨。

（五）各省、市、自治区在保证完成国家计划规定的生产指标、重点建设项目、新增生产能力和外调物资任务的条件下，对国家分配的物资，有权在本地区内进行调剂。

（六）在计划执行的过程中，中央各主管部门随时注意各地区主要物资的供需情况，在必要的时候，进行适当的调整，以防止发生供需失调的现象。

65. 中国共产党中央委员会、国务院关于改进限额以上基本建设项目设计任务书审批办法的规定

（1958年9月24日国务院全体会议第八十次会议通过
1958年9月24日发布）

一、随着我国经济建设的大跃进和计划和企业管理体制的改变以及基本建设投资大包干制度的实行，对于现行的基本建设项目设计任务书审批办法，应当根据统一计划，分级管理的原则作相应的修改，达到既有利于加强全国的统筹安排，又能使地方因地因事制宜地安排本地区的建设事业，加速建设进度。

二、今后中央对基本建设的管理，应集中主要力量对全国分地区分事业的规划进行审查和研究（如一个协作区安排完整的工业体系的规划、煤矿、林区、河流的开发规划等）。对于限额以上基本建设项目设计任务书应采取中央和地方分工负责审批的办法。今后中央负责审批的建设项目设计任务书是：

（一）生产全国平衡的工业产品的骨干建设项目；

（二）具有全国性的或者同几个省、自治区、直辖市有重大协作关系的重大建设项目；

（三）对生产力的地区分布上有重大影响的建设项目；

（四）贯穿几个省（自治区）的铁路干线。

凡由中央批准的重大建设项目设计任务书（重大项目的标准按附表执行），必须由国家计划委员会会同基本建设委员会和有关部门提出审查意见。由中央审批的建设项目设计任务书各省、自治区、直辖市在报送中央有关部门的时候，应当同时报送协作区委员会，协作区委员会如有意见应当提交国家计划委员会。

其余建设项目的设计任务书属于地方管理的，由各省、自治区、直辖市审批后报协作区委员会、国家计划委员会、基本建设委员会和中央主管部备案；属于中央各部管理的，由各部审批后报国家计划委员会、基本建设委员会备案，并抄送建设项目所在地的协作区委员会和省、自治区、直辖市人民委员会。

三、设计任务书应当力求简化，但是必须包括下列内容：

（一）建设的目的，应当说明对全国与本地区国民经济的重要意义；

（二）建设的规模，应当列出主要产品产量和品种；

（三）资源情况和主要的协作配合条件；

（四）建设的地点、期限和投资的估算。

四、本规定公布以后，凡过去颁布的有关规定和办法与本规定有抵触的，一律以本规定为准。

附

中央审批的重大建设项目标准

（一）钢铁工业

年产钢一百万吨以上（包括一百万吨在内——下同）的钢铁联合企业；

年产三十万吨以上的特殊钢厂。

（二）有色金属工业

年产二点五万吨以上的铜冶炼或加工企业；

年产五万吨以上的铝冶炼或加工企业。

（三）化学工业

年处理煤一百万吨以上的综合利用化工企业；

年利用一百万吨以上的天然油炼油厂废气的综合化工企业；

年耗用电石在十万吨以上的综合化工企业。

（四）电力工业

机组总容量在五十万瓩以上的水力和二十万瓩以上的火力电站

和二十二万伏以上的电网建设。

（五）石油工业

年处理一百万吨以上的天然油炼厂；

年产五十万吨以上的页岩油厂；

年产二十万吨以上的铁剂合成方法或高压加氢方法的煤炼油厂。

（六）煤炭工业

年产一千万吨以上的矿区规划。

（七）机械工业

投资在五千万元以上的机械工业企业。

（八）水利与航运建设

贯穿几个省（自治区）综合利用的大型河道和有关国际河道的开发规划。

（九）铁道建设

大枢纽站、特大桥梁和贯穿几个省（自治区）的铁路干线。

66.国务院关于改进基本建设财务管理制度的几项规定

（1958年7月5日国务院全体会议第七十八次会议通过
1958年7月5日发布）

为了充分发挥各经济部门各建设单位的主动性和积极性，鼓励他们在既定的投资数额的范围内，改善管理，精打细算，用同样的钱，办更多的事，为了在各级党委的统一领导下，依靠群众监督资金的合理使用，促进建设事业的高速度发展，有必要从根本上改进基本建设的财务管理制度，以适应鼓足干劲，力争上游，多快好省地建设社会主义的总路线的要求。现在对改进基本建设财务管理制度作如下规定：

一、年度国民经济计划和国家预算核定的基本建设投资（包括储备资金），在保证不降低生产能力、不推迟交工日期、不突破投资总额和不增加非生产建设比重的条件下，交由各有关建设部门和单位，统一掌握，自行安排，包干使用。

二、建设部门和建设单位在既定的投资总额的范围以内，有权因地、因事制宜，修改设计定额，调整建设项目，并且在各个项目之间调剂使用资金。原定的建设工程竣工以后，资金如有结余，可以仍然留给建设部门和建设单位另行使用（主要使用在生产建设上）。

三、各部门各单位的基本建设，到年度终了，工程未完，投资有余的时候，这些资金结转到下年继续使用，不再采取年终收回的办法。

四、为了适应基本建设财务管理权限下放和资金包干使用的情况，今后财政部门在拨款方面的主要工作，有如下几条：（1）在既定的投资范围内，根据建设单位的分季分月用款计划，分期办理拨款；（2）在基本建设工程完毕以后，或者在年度终了以后，审查建设部门和单位所作的竣工决算和年度决算；（3）协助各建设部门和单位进行财政的监督和检查。此外，建设单位要求帮助审查设计预算的，可以继续参与审查；有些地方有必要办理短期放款的，可以继续办理。

五、基本建设财务拨款工作，改归各级人民委员会财政部门直接管理，取消系统垂直领导。各地管理基本建设财务工作的机构设置，由各省、自治区、直辖市人民委员会根据当地情况自行决定。

六、本规定自公布之日起施行。过去有关基本建设拨款的一切规章制度，凡是同上述规定不符合的一律作必要的改变。

67. 国务院关于改进保险工作管理制度的规定

（1958年7月5日国务院全体会议第七十八次会议通过
1958年7月5日发布）

为了适应生产建设事业大跃进的新形势，进一步依靠地方党的领导，办好保险事业，更好地为生产服务、为群众服务，有必要改进保险工作的管理制度，将保险工作的管理权限下放给地方。现在规定如下：

一、国内保险业务，除了铁路、飞机、轮船旅客意外伤害的强制保险，仍然由中国人民保险公司总公司统一经营以外，其他各种业务全部交给省、自治区、直辖市自行经营。

二、国外保险业务，包括属于对外贸易方面的保险业务和在国外经营的保险业务，仍然由总公司统一经营管理。

三、中央国营企业的财产强制保险，原则上从1959年起停止办理。有些企业在强制保险停办以后，愿意继续办理保险的，可以改为自愿保险。地方国营企业的强制保险业务，是否停办，何时停办，由地方决定。

四、为了应付各种保险的赔偿，省、自治区、直辖市保险公司都应当建立一定的保险基金。保险基金的来源是：（一）由总公司从过去提存的保险基金中拨给一部分；（二）由地方公司逐年在经营保险业务的盈余中提取一部分。这些保险基金应当专款存入人民银行，不能移作他用。

五、改进保险工作制度以后，有关省、自治区、直辖市保险公司同总公司的业务联系问题，由财政部与地方另行商定。

六、保险工作管理权限下放以后，地方保险业务的种类、规模、工作步骤以及各种规章办法的制订，都由地方决定。

七、各级保险机构划归同级人民银行领导，或者仍归财政厅、局领导，由地方决定。

八、本规定从公布之日起开始实行。

68.国务院关于人民公社信用部工作中几个问题和国营企业流动资金问题的规定

（1958年12月20日国务院全体会议第八十三次会议通过
1958年12月20日发布）

农村人民公社化以后，根据“中共中央、国务院关于适应人民公社化的形势改进农村财政贸易管理体制的决定”，国家在农村的信用机构必须下放到人民公社。今后人民公社如何进行信贷工作，人民公社信用机构同上级银行之间的关系如何，需要具体加以规定。同时，为了使信贷管理工作和流动资金的管理工作适应新的情况和经济发展的需要，并且划一制度，简化手续，国家原定的存款利率、贷款利率和国营企业流动资金管理办法，也有必要加以改变。为此，国务院规定：

（一）人民公社内部各单位向信用部存款和贷款（只办货币存款，不办实物存款），一律计算利息。因为不但信用部是一个核算单位，人民公社内部其他各经济单位、事业单位，也必须分别进行核算。存款和贷款都计算利息，有利于鼓励这些单位节约使用资金，降低成本，更好地实行经济核算。

（二）人民公社信用部和上级银行间的资金往来，一律按存贷关系办理，存贷利息一律按月息四厘二计算。人民公社信用部的盈亏仍然由公社统一核算。

（三）上级人民银行对人民公社信用部信贷资金的管理，采用存贷相抵、差额包干的办法。人民公社信用部按年度、或半年编制信贷计划，报送上级人民银行审查，贷款大于存款的，确定一个由上级银行补助的指标；存款大于贷款的，确定一个向上级银行存款的任务，由人民公社信用部按指标和任务包干。人民公社信用部在包干了以后，存款增加了，可以增加贷款。

（四）各种贷款的使用，由人民公社自行掌握。人民公社在贷款总数的范围内，可以在工业贷款、商业贷款和农业贷款之间，自己调剂使用。但是这些贷款一般不得调剂到基本建设及其他方面。省、市、自治区如果认为必要，也可以对调剂的范围，规定某些限制。

（五）统一各项贷款利率。人民公社是农林牧副渔全面发展、工农商学兵互相结合的组织，人民公社的各种贷款利率需要统一起来。自1959年1月1日起，工业、农业、商业贷款利率统一按月息六厘计算，即是把原来银行发放的农业贷款，由月息四厘八提到月息六厘，原来信用社发放的农业贷款，由月息七厘二降为月息六厘；工业贷款和商业贷款的利率仍然按月息六厘不动。贷款利率这样规定，变动的面较小，而且全国城市乡村所有各项贷款的利率，也就完全划一了。

（六）降低储蓄存款利率。自1959年1月1日起，活期储蓄由月息二厘四降到月息一厘八，定期半年的储蓄由月息五厘一降到月息三厘，定期一年的储蓄由月息六厘六降到月息四厘。

（七）过去的各种贷款分别负责偿还。原来农业合作社和农村的手工业合作社所贷的生产和基本建设贷款，统一由人民公社负责偿还；原来在农业合作化时期发放的贫农合作基金贷款，也统一由人民公社偿还；社员个人的贷款，按照不同情况，有的仍然由个人偿还（如一般生活贷款和生产贷款），有的由人民公社代为偿还（如用贷款买了牲畜、农具，并已转交给人民公社的）。具体办法由各省、市、自治区根据实际情况，加以规定。

（八）人民公社的信用部既是人民公社的组成部分，又是人民银行在当地的营业所。为了便于工作，信用部可以同时挂两个牌子。

（九）人民公社信用部一律办理对外汇兑。具体汇兑手续由人民银行总行规定。

（十）国营企业的流动资金，一律改由人民银行统一管理。过去国家财政拨给国营企业的自有流动资金，全部转作人民银行的贷款，统一计算利息。国家下放给人民公社的各企业单位的自有流动资金，也按照这个原则办理。今后国营企业需要增加的定额流动资金，仍然由各级财政从年度预算中适当加以安排，交当地人民银行统一贷放。人民公社所属企业需要增加的定额流动资金，也由人民公社财政部门在公社预算中适当拨出一部分资金，交信用部统一贷放。关于企业流动资金的核定，仍然分别按照原来的办法办理：属于定额流动资金的部分（即经常需要的部分），由财政部门负责，协同人民银行和有关部门，加以核定；属于非定额流动资金的部分（即季节性和临时性需要的部分），由人民银行根据实际情况贷放。

69.国家建设委员会关于1958年建筑安装工程间接费定额管理问题的规定

（1958年1月6日）

建筑安装工程间接费定额自从1955年由本委统一管理以后，对建设预算的编制、工程价款的结算和工程成本的核算等工作，都起了一定的作用。但也存在一些问题，例如几年来建筑安装企业机构庞大，层次过多，开支过松，造成许多浪费。根据1955年—1956年几个重点工业部实际资料：一般土木建筑工程管理人员占工人的比例平均为27.5%，高的达40%以上，设备安装工程平均为35%，高的超过50%以上，虽经多次压缩，但其水平仍然是十分保守的。另外，由于我国幅员广大，各地区气候、经济条件不一，过去对建筑安装工程间接费定额全国采用一个综合水平，也有问题，往往限制了某些部门的积极性。

为了能更好地贯彻勤俭建国、勤俭办企业的方针和因地因事制宜的原则，以及适应机构精简、干部下放等情况，对今后建筑安装工程间接费定额的编制和管理问题，作如下规定：

1.关于建筑安装工程间接费定额的管理问题。原由本委统一颁发的属于城市系统建筑企业承包的一般土木建筑工程（系指原乙类定额）及大规模土石方工程间接费定额，从1958年起均交各省、直辖市、自治区人民委员会制订、颁发和管理。上述大规模土石方工程间接费定额除省（市）、自治区所属企业执行外，所在地的中央有关企业亦一律执行。

原由本委统一颁发的一般机械及电气设备安装工程、金属结构及预制混凝土结构构件安装工程、管道工程以及属于非城市系统建筑企业承包的一般土木建筑工程（系指原甲类定额）等间接费定额，为了使定额更切合实际和适用上的合理，请各省（市）、自治区人民委员会负责召集所在地中央所属各企业单位（包括建设单位、承包单位、设计单位），结合这次整改情况，对上述有关定额提出初步方案（包括降低后的指标、意见和有关计算资料），于1958年3月底以前送本委，以便与有关部进一步研究后，分别按地区核定执行。

原由各专业部编制报本委批准颁发的各种专业通用性建筑安装工程间接费定额，从1958年起均交各主管部直接颁发和管理。但定额水平必须根据勤俭办企业的方针和适应精简机构、干部下放的情况，大力加以压缩。同时希望各主管部在编制这些定额时，亦尽量征求有关部及省（市）、自治区人民委员会的意见。其他各部及各省（市）、自治区人民委员会所属企业如有同类工程时，可以参照各专业部制订的定额执行。

所有建筑安装工程间接费定额在各部和各省（市）、自治区人民委员会颁发的同时，除抄送本委备案外，并请抄送有关部门一份。

2. 为了使预算、计划、统计、会计等项制度取得一致，减少互相矛盾，便于比较起见，各部和各省（市）、自治区人民委员会在制订间接费定额时，对间接费定额的适用范围及包括的内容，仍应按1957年3月颁发的建筑安装工程间接费定额汇集的规定办理。但根据整改当中各方面反映的意见，对现行间接费定额包括的内容作如下修订：

（1）小型工程增加费从1958年起不另外增加预算，这项费用应计入总间接费定额内一并列支。

（2）将原间接费内“福利事业补助费”项目取消。对其中第一项工人及管理人员的福利、房屋、设施等，如宿舍、住宅、食堂、浴室、洗衣房、理发室、托儿所、医务所、俱乐部等的折旧费、保险费、房地产税等改在行政管理费内“固定资产及低值易耗品使用费”项目内列支；但这项费用应扣除一部分收入，只能将差额部分列入本项目内。第二项福利部门所用之低值易耗品的使用费、水电费等，及第三项服务人员的工资、办公费及其他费用，分别改在行政管理费和其他间接费的“工资附加费”项目内列支。其提存比率及其开支内容在国家未有新规定前，仍按原政务院财政经济委员会1953年1月13日关于附加工资的内容及计算方法的规定执行。

（3）将其他间接费“小型临时设施摊销”项目内第二项“宽度在3公尺以下的临时道路、便桥的摊销费用”的规定改为“工地内部人行便道、便桥的摊销费用”。

在其他间接费“生产设备及低值易耗品使用费”项目内增加一项内容“属于内部经济核算的附属加工厂厂房折旧费用”的规定。

3.在1958年新的建筑安装工程间接费定额没有颁发前，各单位仍按1957年建筑安装工程间接费定额编制预（概）算书和进行结算。新间接费定额颁发后，原编预（概）算书不予返工，已结算部分应从1958年1月1日起按新间接费定额进行调整。

70. 国家计划委员会、财政部关于加强成本计划管理工作的几项规定

（1959年3月27日）

几年来，全国各地的大小企业在各级党委的领导下，积极地开展了群众性的增产节约运动，使成本工作取得了显著的成绩。第一个五年仅中央国营工业、交通运输和商业部门的降低成本（流通费）总额即达四十六亿元，相当于第一个五年基建投资的10%左右。此外建筑企业和地方企业的成本也都降低很多。

1958年工农业生产的大跃进，大大推动了企业生产成本的节约。以中央工业各部的生产成本为例，预计比上年可降低12.8%，它的降低率超过了第一个五年计划中的任何一年。但是也有一些部门和企业认为成本计划是可有可无的参与材料，放松了成本管理工作，甚至有的单位把管理企业成本的机构也撤销了。他们只注意了多快而忽视了好省，从而影响了成本计划工作的开展。这是企业经营管理中未能贯彻执行两条腿走路的方针的表现，不符合中央规定的“勤俭办一切企业”的精神。

为了加强成本计划的管理工作，我们认为仍然有必要分级报送与分级审批年度成本计划。现在，我们根据统一领导、分级管理的原则结合企业管理权限下放到省（自治区、市）的新情况，对中央与地方财经各部门的成本计划管理工作提出下列几条办法，请参照执行。

一、成本计划编制范围

（1）中央工业、交通、商业各部编制所属企业的成本计划和商品流通费用计划。

（2）省（自治区、市）计委编制所属地方工业（包括森林工业）、地方交通运输（包括内河、沿海、港务、民航及公路等部门）、地方商业及粮食等企业的成本计划和商品流通费用计划。

（3）建筑企业、国营农牧场和非工业部门的工业企业的成本计划，由主管生产领导部门进行掌握。各省（自治区、市）的计委和财政部门是否审编计划指标，由省（自治区、市）自行规定。

为了正确计算成本，加强经济核算，成本费用包括的范围需要有原则性的划分，属于基本建设方面的开支、事业单位的经费开支、企业利润分成中解决的四项费用和生活福利方面的开支均不应计入成本费用。

二、编制成本计划的内容

根据不同行业的特点和大、中、小型企业的具体情况，编制成本计划的方法应有所不同，有条件的企业可以编得细些，条件差的企业可以粗些，简化一些。对成本计划内容的一般要求是：

（1）工业：分行业（或分部门）的商品产品全部成本，可比产品总成本，可比产品成本降低率，可比产品成本降低额。并附与成本计划相应的工业总产值数字。

（2）交通运输业：运输总成本（其中按成本费用项目填列），换算吨公里（浬）运输总量，每千换算吨公里（浬）成本，成本降低率，成本降低额。

（3）商品流通费计划：商品纯流通额，商品流通费，流通费水平，比上年降低率，降低额。

在报送成本计划的同时，要附送各专业成本降低因素的分析说明，和计划执行的主要措施，并附前一年度计划执行情况。

各部和各省（自治区、市）计委对工业成本计划，除控制可比产品成本降低率、降低额外，对商品产品全部成本中的新产品部分，应该根据全面节约的精神，注意审查计划和检查计划的执行。同时，还应该选择若干种主要产品，规定由有关企业编报单位产品成本计划，作为成本计划考核指标之一。

三、成本计划编制程序和审批

中央财经各部负责审批直属企业单位的成本计划并汇编直属企业单位的成本计划，报送国家计委和财政部。

地方各级工业、交通、商业管理部门汇编所属企业成本计划，报送地方各级计委和各级财政部门。

省（自治区、市）计委会同财政厅（局）审核省属企业与专、县市报来的成本计划，并由计委将成本计划纳入地方国民经济计划，报送当地党政领导机关批准。同时将汇总的成本计划，报送国家计委和财政部备查。

国家计委会同财政部审核中央各部门报来的成本计划，由国家计委将成本计划纳入国民经济计划，报送中央、国务院批准。对于地方报来的成本计划，国家计委和财政部应加以汇总，如有不同意见，也可提请各地考虑。

报送时间一般应该按照中央规定的编报国民经济计划的时间，与国民经济计划同时报送。但在目前，考虑到生产计划往往多变，生产计划不定财务成本计划不能编制的实际情况，暂定在生产及事业计划确定之后，再由企业自下而上的正式编报成本计划。各部和各省（自治区、市）对所属单位编制成本计划的内容与时间，由各部、省（自治区、市）根据工作条件自定。

四、计划部门和财政部门还必须加强计划执行的检查，抓典型、进行评比，及时交流先进经验，推动全面工作。

各级主管部门除审编和检查成本计划外，还应抓季度成本计划，以保证年度计划的完成。

71.国务院转发财政部、中国人民银行关于国营企业流动资金改由人民银行统一管理的补充规定的通知

（1959年2月3日）

现将财政部、中国人民银行关于国营企业流动资金改由人民银行统一管理的补充规定，转发你们，希依照执行，并请注意以下各点：

（一）国营企业的流动资金，虽然一律改由人民银行统一管理，但这并不能认为，财政部门和企业主管部门可以放手不管，可以减轻自己在流动资金管理上的责任。管好流动资金是一件大事，今后关于核定企业的定额流动资金，审定企业的流动资金计划，加强企业流动资金的管理和检查，必须由财政部门为主，协同企业主管部门和人民银行分工负责，才能做好。

（二）国营企业的流动资金，一律改由人民银行以信贷方式统一供应，是为了适应社会主义建设高速度发展的形势，便于及时地保证企业流动资金的需要，克服过去分别由财政和银行供应资金所产生的手续繁复和某些脱节现象，而不是为了减少国家财政在流动资金方面应有的开支。今后国营企业需要增加的定额流动资金仍然由各级财政部门从年度预算中适当加以安排，交当地人民银行统一贷放。在年度预算中不安排必要的流动资金支出，甚至把企业原有的自有流动资金抽回用作其他财政开支，都是同改变流动资金管理办法的原意不符合的，因而是不正确的。

（三）保证国家拨给的自有流动资金的完整无缺，是企业应有的义务。截至1958年12月31日为止，国家拨给企业的自有流动资金，必须如数转作人民银行的贷款，抽调企业流动资金用于基本建设和

其他用途的，应当设法补足，不得冲减企业的法定基金，不得减少国家的流动资金。

财政部、中国人民银行关于国营企业流动资金改由人民银行统一管理的补充规定

（1959年1月10日）

1958年12月20日国务院关于人民公社信用部工作中几个问题和国营企业流动资金问题的规定中，确定国营企业的流动资金一律改由人民银行统一管理，过去国家财政拨给国营企业的自有流动资金，全部转作人民银行的贷款，统一计算利息。为了正确地执行国务院的这个规定，对国营企业流动资金的管理，补充规定如下：

一、国营企业、地方国营企业和已经实行定息的公私合营企业（包括工业、商业、交通运输、邮电、农业、文教、卫生、公安等部门所属企业）所需要的流动资金，自1959年起，一律改由中国人民银行按信贷方式统一供应，并且进行统一管理。企业需要借款时，一律按人民银行规定的借款手续办理。

二、国营企业、地方国营企业和已经实行定息的公私合营企业，应当将自己的自有流动资金，全部转给当地人民银行，作为人民银行的贷款，统一计算利息。

企业的自有流动资金是指：截至1958年12月31日止国家财政拨给国营企业和地方国营企业的自有流动资金，公私合营企业中公股、私股和公积金中的流动资金部分，手工业生产合作社已经转为地方国营企业以及原来供销合作社的国拨（地拨）基金、公积金和调剂基金中的流动资金部分。

抽调企业自有流动资金用于基本建设或其他用途的，应当进行清理，并且设法补足，不得冲减企业法定基金，不得减少国家的流动资金。

各省、自治区、直辖市财政厅（局）和人民银行分行应当将企业清理情况及转帐数字报告各省、自治区、直辖市人民委员会、财

政部和中国人民银行。

三、自1959年起，各级财政部门应当将企业需要增加的定额流动资金列入预算，并且全额拨交当地人民银行作为信贷基金。各级财政部门在年度预算中增列流动资金的时候，应当会同计划部门、人民银行和其他有关部门，根据国民经济计划的有关指标，统一安排。

在年度计划执行当中，由于生产增加和商品流转扩大，流动资金需要额超过年度计划的时候，属于中央企业的由中央预算解决，属于地方企业的由地方预算解决。

四、企业主管部门应当向财政部门和人民银行编报年度流动资金计划，由财政部门和银行共同审定，作为考核企业主管部门资金周转的依据。

企业主管部门应当根据国家加速资金周转的要求和企业上年流动资金的周转情况，提出加速资金周转的措施，颁发资金周转指标，并且加强对企业资金运用情况的考核和检查。

五、企业应当根据主管部门颁发的流动资金周转指标和自己的业务经营状况，在当地人民银行参加下，编制年度和季度的流动资金计划，报送上级主管部门和当地人民银行。企业上报的年度计划由企业主管部门审查核定，作为考核企业流动资金周转的依据；企业报送的季度计划由当地人民银行根据企业主管部门核定的年度周转指标和企业的具体情况加以核定，作为执行贷款的依据。

六、企业向银行所借的流动资金，只能用于生产周转和商品流转的需要，不得用于基本建设和其他用途。除了特别批准的以外，企业不得预付货款，也不得进行商品赊销。

七、为了便于财政部门和人民银行及时了解情况，更好地管理流动资金，企业和企业主管部门有关生产和商品流转的资料，应当报送同级财政部门和人民银行，具体报送那些资料由当地有关部门自行商定。

八、企业向人民银行所借的流动资金，一律按月息六厘计息。利息支出全部计入成本。企业因增加利息支出而减少的利润留成部分，用调整留成比例的办法解决。

九、国家下放给农村人民公社管理的企业，其自有流动资金也应当划转当地人民银行，统一作为银行对公社信用部的贷款，由公社信用部再贷给企业使用。

农村人民公社自办企业的流动资金管理办法，由各省、自治区、直辖市根据国务院关于人民公社信用部工作中几个问题和国营企业流动资金问题的规定的精神自行规定实施。

十、基本建设单位和建筑包工企业的流动资金管理办法，根据投资包干的原则由财政部另行制订。

72. 1958年国家经济建设公债还本付息办法

（1959年2月20日财政部发布）

一、本办法根据1958年国家经济建设公债条例第五、六、七条制定。

二、1958年国家经济建设公债本金，分别自1959年起至1968年止分十年作十次偿还。定于1959年2月25日在北京举行一次抽签，邀请各界代表到场监督执行，集中把各年度中签号码全部抽出，每年根据中签号码公告还本一次。凡债券号码末尾两字与当年中签号码公告相同的，即为中签还本债券。

三、本公债由中国人民银行办理还本和付息事宜。中签债券一律以中华人民共和国财政部各次通告的中签号码为准。

四、本公债在还本年限内，每年9月30日至12月31日为兑付期，由各地人民银行验券兑付。为照顾持券人利益，凡本次中签债券未在兑付期内领取的，可继续在下次兑付期内领取。所有各次中签债券应在1969年9月30日（包括延长兑付期九个月）以前兑取完毕，否则债权即失时效，不予兑付。

五、每次中签应当还本的债券，到期如不领取本金的，其本金仍按原定利率计付利息，直到领取时为止。

六、本公债利息，随中签债券的本金一次付给。

七、残破污损债券的兑付，按照“国家公债债券残破污损兑付处理办法”的规定办理。

八、本公债的偿还，概凭债券兑付，不予挂失。

九、本办法自公布之日起施行。

73. 国务院关于改进基本建设财务管理制度的几项补充规定

（1959年5月20日）

自从1958年7月5日国务院发布了“关于改进基本建设财务管理制度的几项规定”以后，许多建设单位根据规定实行了基本建设投资包干办法。实践证明，凡是在党委统一领导下，充分发动群众，正确实行这一办法的单位，都收到了节约国家资金、加快建设速度和扩大建设规模的显著效果。为了更好地贯彻执行基本建设投资包干办法，进一步加强国家计划管理，保证工程质量，改进基本建设财务管理工作，现在作如下补充规定：

一、国家把年度国民经济计划和国家预算确定的年度基本建设投资（包括储备资金），交由建设部门包干使用，建设部门对建设单位可以按总预（概）算确定的全部工程的投资总额包干，没有总体设计的，可以按分期建设任务的投资总额包干。但是，建设单位必须执行年度基本建设计划，如果提前完成了当年计划，有条件提前进行原来准备在下年度进行的工程时，所需的物资和资金，应当由建设部门在保证重点建设和服从国家计划安排的前提下，在本部门所属建设单位之间调剂解决。

二、实行基本建设投资包干以后，建设部门和建设单位必须执行统一的国家建设计划，保证完成国家既定的建设任务。建设计划有重大变动时，投资包干的数额，也应当作相应的调整。

三、建设单位节约下来的投资，用于增加新的建设项目时，必须事先报告建设部门或计划部门。如果按照国家计划或者限于资源条件，建设单位不需要扩大建设规模时，主管建设部门可以调用这部分节约下来的投资，但是应当给原建设单位以适当的奖励。

四、实行基本建设投资包干以后，未完工程的年终结余资金，仍由建设部门和建设单位结转到下年度继续使用。各级计划部门和建设部门在安排年度基本建设计划时，应当根据物资分配情况，把上年结转的基本建设投资纳入计划。

五、建设单位必须根据上级确定的工程排队次序施工。建设部门应当根据建设项目施工的先后，在所属建设单位之间调剂使用资金，以免有的单位投资不足，向上追加，有的投资有余，闲置不用，影响建设进度。

六、建设单位和建筑企业应当根据批准的设计文件所规定的建筑结构施工，不能片面地求多、求快、求省而忽视工程质量。需要修改建筑结构时，应当经过设计部门同意；利用代用材料，必须经过切实的试验和工地管理机构批准，以保证工程的耐用年限和安全生产。

七、建设部门和建设单位必须加强经济核算，健全财务管理制度，对生产资金和基本建设资金必须严格分开管理，基本建设资金应当开立专门的存款帐户，以便随时了解基本建设资金的使用情况，保证执行全国一盘棋的方针。建设部门应当按季向财政部门报送基本建设用款计划；建设部门对所属建设单位的用款情况，应当定期进行检查，并根据各单位的工程进度，及时地组织资金调剂。在工程进行中，建设部门、建设单位和建筑企业应当向财政部门按月提送统计报表，按年按季编造决算报告。工程竣工以后，建设单位应当向建设部门和财政部门提送竣工决算。

八、各级财政部门对建设部门应当按季或按月核定用款限额，根据政府批准的基本建设计划和建设项目排队所确定的施工次序，在用款限额范围内，对建设单位进行拨款，并监督资金的合理使用。计划未经批准前，建设单位急需用款时，须经建设部门或当地政府批准才能拨付，拨付的工程价款，应当大体上符合工程进度。

九、中央各建设部门和各省、自治区、直辖市人民委员会可以根据本规定的精神，制定具体实施办法。

74. 国家计划委员会、财政部关于1960年国营企业若干费用划分的规定

（1959年9月29日）

一、四项费用

企业的四项费用包括：采取技术组织措施需要增加固定资产的费用、试制新种类产品需要增加固定资产的费用和试制费用（包括试制成本高于正常成本或高于售价的部分在内）、采取劳动安全保护措施需要增加固定资产的费用以及购置零星固定资产的费用，在利润留成资金内开支。如果利润留成资金不够开支，可以报请主管部门批准，在主管部门集中掌握的利润留成资金中解决，不得列入生产成本（包括交通运输成本和商品流通费，下同）。

但是企业采取技术组织措施和劳动安全保护措施需要开支的试验费、人工费、材料费和其他费用，属于消耗性质，并不增加固定资产价值的，可以列入生产成本，费用数额大于当年经济效果的，可以分两年摊销。

二、固定资产与低值易耗品的划分标准企业使用的工具、器具和物品同时具备，1.使用年限在一年以上，2.单位价值在五百元（或二百元）以上，具备以上两个条件的，为固定资产；不同时具备以上两个条件的，为低值易耗品。

企业主管部门应该根据上述标准编制主要固定资产目录，发给所属企业，并报同级财政部门备案。企业可以根据上述标准和主管部门颁发的主要固定资产目录，结合具体情况，编制固定资产的补充目录，据以执行，并报主管部门备案。

三、在基本建设中使用自产材料和设备的作价

企业在基本建设中使用自产材料和设备（包括土设备、土机器），都应当按照国家规定的调拨价格作价，如无调拨价格的，可以参照同类产品的价格作价，不得按成本作价。

建设单位和包工企业为了工程需要而自行制造的工具和器具可以按照成本作价。

四、开工生产准备费

1.为检查设备安装的质量对单个设备进行试车，所发生的各种试车费用，一律计入设备安装费用。

2.对整个车间设备进行负荷联合试车发生的费用，车间交工验收以前，包括试车亏损在内，在基本建设投资内开支，如有盈余，可以作为基本建设其他收入处理；交工验收以后的，在企业生产成本内开支，试车盈亏都作为生产盈亏处理。交工验收前的试车与交工验收后的试生产难于划分的，一并在企业生产成本内开支。

试车所需要的原材料和其他物品由企业生产部门作价供应，试车产品由企业生产部门作价处理。

3.建设单位的生产准备工作，在车间交工验收以前，应当由建设单位管理机构负责，如有必要专门建立生产管理机构的，必须报经主管部或者省、自治区、直辖市人民委员会批准，所需要的费用在建设单位管理费内开支。在车间交工验收以后，车间生产管理机构的费用在企业生产成本内开支。全厂性生产管理机构的费用可以根据车间的陆续交工验收情况，在基本建设投资和生产成本内分摊。

4.在车间交工验收以前，生产工人到指定的工厂学习所需要的费用，在建设单位生产人员培养费内开支；交工验收以后，在企业生产成本内开支。

五、大修理基金

1.为了保证固定资产大修理时所需资金，企业应当按期提存大修理基金，用以支付固定资产的大修理费用。固定资产的大修理费用不得直接列入生产成本。

2. 大修理基金未使用以前，在保证不影响大修理需要的原则下，可以暂时作为生产流动资金使用。

3. 企业在生产设备大修时，可以在大修理基金内开支一定范围和额度的技术改革费用。上述范围和额度由企业主管部门自行规定，在征得同级财政部门同意后实行。

六、基本建设窝工费

建设单位、包工企业由于国家计划变动或者改变工业布局而发生的窝工费用，应当在利润留成资金内开支，不得列入工程成本。

七、包工企业迁移费

1. 包工企业根据建设单位的要求调动施工力量时，所需要的迁移费由建设单位负担，不得列入包工成本。

2. 包工企业为平衡内部施工力量而发生的迁移费，在包工成本中开支。

八、生产发明、技术改进、合理化建议奖金和研究试验费

生产发明、技术改进和合理化建议（不包括属于改善劳动条件、技术安全、管理制度或提高产品质量的建议）仅由一个企业采用，所支付的研究试验费和奖金在生产成本中开支，数额较大而本年又不能全部实现经济效果的可以分两年摊销；采用范围扩大至一个部门的，由主管部门在事业费预算内开支；采用范围扩大至全国的，经主管部门报请国务院批准后，由财政部专案拨款。

对于采用改善劳动条件、技术安全、管理制度和提高产品质量的建议所需要的研究试验费，在生产成本中开支，奖金在企业利润留成资金中开支。

九、勘察设计费

1. 建设单位自行组织力量进行勘察设计需要的经费，在建设单位管理费内开支。

2. 各部和各省、自治区、直辖市的独立勘察设计机构所需要的费用和委托国外设计所需要的费用，在各部和各省、区、市的事业费预算内开支。

十、行政单位经费

各级企业主管部门所需要的行政经费，在各级财政预算的行政费内开支，不得列入生产成本或占用事业费。

十一、各种文教经费

1.新建企业或改建企业为增加新的生产工艺过程而新建车间，将来生产所需的技术人员、工人与管理人员的培养费用，包括委托其他厂矿和国外代为培养人员的费用，在基本建设投资内开支，不得列入生产成本。

2.企业为了生产上的需要举办的各种训练班，包括业余技术训练在内，所发生的费用，在企业生产成本内开支。

3.企业和事业单位职工业余文化学校的经费，在工会拨交企业和事业单位行政方面的款项中开支，不得列入企业生产成本或占用事业费。

4.企业主管部门举办或者委托所属企业代办的行政干部学校、中等专业学校、技工学校、职工脱产学习的文化补习学校以及企业自办脱产的技工学校所需要的经费和基本建设费用都应当在各项有关事业费内开支，不得列入生产成本。

但是商业、外贸和粮食系统举办干部学校和专业训练班所需要的经费，仍按以往规定可以在商品流通费内开支；所需要的基本建设费用，应当在基本建设投资中开支，不得列入商品流通费内。

十二、关于基本建设未完工程的拨款和基本建设为下年度储备的问题，另作规定。

75. 各机关、团体和地方各级财政机关在人民银行存款开户的几项规定

（1959年11月30日）

为了划清预算内、预算外资金，全面正确的反映各级财政机关和各机关、团体在人民银行存款的情况，特规定存款开户办法如下：

一、中央和地方机关、团体存款的开户。

1. 中央各机关、团体对于经费限额拨款，应在人民银行按预算科目分“款”开立中央预算经费限额户，具体办法按照“中央级经费限额拨款办法”和有关规定办理。

地方各机关、团体如果实行限额拨款，其开户方法由地方财政机关和人民银行洽商办理。

2. 中央和地方各机关、团体对于由财政机关或上级机关以划拨资金方式拨入的预算资金，应分别在人民银行“中央机关、团体预算存款”或“地方机关、团体预算存款”科目下开立预算资金户。但实行经济核算的企业、事业单位，应在人民银行开立有关结算户，不包括在预算资金户内。

3. 中央和地方各机关所属报销单位的经费、差额单位的差额补助和它的本身业务收入、特种资金、应交预算收入、代管经费和其他往来款项，应分别在人民银行“中央机关、团体其他存款”或“地方机关、团体其他存款”科目下开立其他存款户。

二、地方各级财政机关存款的开户：

1. 地方各级财政机关的“地方预算存款”和“地方预算周转金存款”，应在同级人民银行“地方金库款”科目下分别开立省（市、自治区）、专（市）或县（市）财政存款户和周转金存款户。

2.地方各级财政机关经管的预算外资金，应在人民银行“地方财政预算外存款”科目下单独开立地方财政预算外存款户，不应和预算资金混淆。

三、对于基本建设资金在人民银行的开户，按建设银行和人民银行联合规定办理。

四、各党派、群众团体所收的党费、团费、工会会费以及救济机关所收的捐献专款，均非预算资金，应分别在人民银行“中央一般机关团体存款”或“地方一般机关团体存款”科目下开户。

五、军事系统的开户，仍按军委财务部与中国人民银行总行联合规定办理。

六、地方预算所属公安部门的人民武装警察等单位的预算拨款，应在人民银行“地方机关、团体预算存款”科目下开户；对于特种资金、应交预算收入、代管经费和其他往来款项，应在人民银行“地方机关、团体其他存款”科目下开户，不应和军事系统存款混淆。

七、各单位食堂的存款和职工的互助金存款，应按储蓄存款处理，不应与预算资金存款户、其他存款户和一般机关、团体存款户混淆。

八、关于存款开户与转户的批准手续，按下列规定办理：

1.中央各机关、团体预算存款户的开立，一级机关根据财政部核定的经费限额申请书或经费拨款申请书以及国务院机关事务管理局的转拨经费限额通知或转拨经费的凭证开立；一级以下各机关根据上级机关签发的转拨经费限额通知和转拨经费的凭证开立。

2.中央各机关、团体其他存款户和一般机关、团体存款户的开立，由开户机关自行提出适当证明向人民银行办理开户。

3.省、市、自治区财政机关存款户的开立，由省、市、自治区财政机关自开证明向当地人民银行办理开户。

4.专、县（市）财政机关以及地方各机关、团体存款开户的批准手续，由省、市、自治区财政机关规定。

九、本规定自1960年1月1日开始实行。1954年10月财政部颁发的（54）财预戎字第325号“关于中央级各单位预算机关在银行存款开户的几项规定”同时废止。

76. 国务院关于加强银行储蓄工作的领导积极开展人民储蓄工作的指示

（1959年6月5日）

根据自愿原则，吸收城乡人民参加储蓄，是国家筹措建设资金的重要方法之一，也是帮助人民有计划安排收支、安排生活的一种重要手段。几年来，我国储蓄事业有了很大的发展。根据人民银行统计，到1958年底，城乡人民在银行的储蓄总数达到四十亿元。这是我国国民经济高速度发展、城乡人民收入不断增加的标志之一，也是勤俭持家、勤俭建国方针逐步深入人心的标志之一。广大人民群众从切身体验中认识到，踊跃参加储蓄，既有利于国家，也有利于自己，这是储蓄事业广泛发展的重要基础。

1959年工农业生产正在继续跃进，人民收入将要进一步增加，发展储蓄事业有着比往年更为有利的条件。1959年国家决定不再发行统一的国家建设公债，绝大多数地方也没有发行地方公债。在这种情况下，仅仅把过去购买公债的钱，节约下来存入银行，就会是一个不小的数目。历年的规律是，上半年城乡储蓄是逐月增加的，今年更应当有较多的增加。但是根据人民银行的统计，今年一至四月份储蓄总数不但没有增加，反而比往年年底减少了近二亿元。这是因为，一方面，去年大跃进以来有些人产生了一种错觉，认为生产跃进了，吃穿有保证了，用不着勤俭持家了；认为目前要抓生活了，主要的问题是搞好生活，用不着节约储蓄了；因此不必要的钱要花，不急需的东西要买。特别是在市场供应比较紧张的情况下，有人“持币待购”，经常在口袋里装着钱，准备购买商品。另一方面，去冬今春制止了某些地区一度出现的在发放工资中搭发“储蓄存单”等错误作法以后，部分银行干部对储蓄工作也有了一定程度的放松，他们错误地认为储蓄业务要收缩了，因此必要的宣传工作也不做了，正常的储蓄业务不积极去发展了。这是完全不应有的现象。应当认识，勤俭建国、勤俭持家是我们国家建设上一条长远方针，而决不是临时性的措施。我国是一个经济基础落后的大国，底子薄，人口多，尽管工农业生产有了很大的发展，还远远不能满足生产建设和人民生活日益增长的需要。必须克勤克俭，精打细算，使每一文资金都发挥尽可能大的作用，使每一点物资都使用到最必要的方面。而就每一个家庭和个人来说，收入即使增加了，花钱仍然要有计划，要在今天想到明天，月初想到月底，开支小的时候想到开支大的时候。要看到把暂时不用的钱存入银行，实际上就等于自己暂时推迟一部分物资的使用，使国家能够用这部分物资进行更多的建设，这对于国家建设就是很大的贡献。应当认识，开展储蓄是一种群众性的工作，必须通过群众自愿，不得勉强从事，必须坚持实行存款自愿，取款自由的原则，不能动摇；但是反对强迫命令绝不等于可以消极等待，放任自流，可以不去进行深入细致的工作。把节约储蓄和发展生产、改善生活对立起来，把自愿储蓄和深入宣传、具体组织的工作对立起来，这种想法和作法是完全错误的。

国务院要求，今年在全国范围内，大大开展群众性的节约储蓄工作，发动城乡居民积极参加存款储蓄。把节约储蓄的工作作为目前在全国范围内开展的增产节约运动的重要组成部分之一，努力开展起来。国务院要求经过一切努力，力争城乡储蓄数字能够随着经济的发展而逐步增加，并且把相当于过去认识公债的数额，通过储蓄的方式吸收回来。这是把一部分社会购买力推迟实现，稳定市场的有效方法之一。国务院要求各地做好以下四点：

一、在城市和乡村广泛地进行有关节约储蓄的宣传工作。要求各级宣传机构，各级工会、妇联、共青团、工商联合会等社会团体，都要根据自己的条件，运用各种方式，向广大职工、广大居民群众进行一次深入的勤俭建国，勤俭持家，节约储蓄，支援社会主义建设的宣传教育。要通过事实对比和通俗易懂的方法，使广大群众懂得，收入多的参加定期储蓄，固然能够增加国家手中可以运用的资金；即使收入不多，月初存入，陆续支用，或者零星存入，积少成多，也能够增加国家手中可以运用的资金。国家可以运用的资金和物资愈多，社会主义共产主义美好的前景就到来得愈快。自己节约储蓄愈多，也愈能保证自己一些临时发生的意外需要，而不至因为临时增加意外开支，使自己的正常生活受到影响。务必做到家喻户晓，深入人心，使节约储蓄支援国家建设逐渐成为人民的优良习惯。

二、要把群众的节约储蓄同有计划地指导人民消费结合起来，使群众的节约储蓄，成为在国家计划指导下的自觉性的行动。提倡节约储蓄，决不是要求群众降低应有的物质和文化生活水平，而是希望通过储蓄工作，使群众将自己的收支安排得更有计划，更有条理，更符合当前的经济现实状况。各级商业部门应当把经常向群众解释说明市场供应情况，有计划指导人民消费，当作自己应有的职责。应当使群众了解：什么商品供应比较充分，可以多消费一点，什么商品目前还供应不足，应当少消费一点。对于群众正当的文化生活，比如看戏、看电影、组织游园晚会等等，不仅不应当视为浪费，而且应当加强这方面的服务工作。加强非商品性的服务，这也是吸收群众购买力，回笼货币的必要方法之一，应当有计划地适当加以组织。

三、坚决贯彻执行存款自愿取款自由的原则。应当再三向群众明白宣布，任何个人在银行的储蓄存款，现在和将来永远属于个人所有。什么时候存入，什么时候提取，提取多少，用途如何，完全是存款人的自由，一概不受干涉。各地银行储蓄所，各机关、企业、部队和街道代办储蓄的机构，都应当积极加强工作，改善服务状况，保证存取方便，服务周到。必须反对强迫命令的作风，反对硬摊硬派，特别要反对用扣工资扣汇款的办法来达到储蓄任务的目的，须知任何勉强从事和简单生硬的作法都是不利于储蓄工作的持久和巩固的，必须坚决加以防止。

四、必须加强对城乡储蓄工作的领导。各级人民委员会，各个部门和各个企业单位的领导机构，都应当把节约储蓄看作是经常的重要工作任务，加强对这方面工作的领导，并且召集一次会议，鼓励他们作好这个工作和随时了解储蓄业务的进展情况，及时发现问题，总结经验，克服缺点，纠正错误，努力推动储蓄事业不断地开展。

77.国务院关于加强综合财政计划工作的决定

（1960年1月14日）

一、综合财政计划是国家整个财政资金活动的计划，是国民经济计划的必要的组成部分。1958年大跃进以来，随着国民经济的高速度发展，随着财政管理体制的改进和企业利润留成制度的实行，国家财政收支和信贷收支大大增加了，国家预算以外地方和企业自行管理使用的机动财力也大大增加了。为了更全面更有计划地反映国家财政资金的整个面貌，为了统筹安排资金收支，以保证国民经济大跃进的资金需要，保证国民经济计划中财力同人力物力相适应，切实建立和健全综合财政计划制度，把国家预算内收支和预算外收支、信贷收支和现金收支，统一纳入计划，进行综合平衡，就成为十分必要。

二、编制综合财政计划，应当根据民主集中制和全国一盘棋的原则，根据统一计划和因地制宜相结合的原则，把国家一切财政资金都纳入综合的计划里来，既要实行统一领导，保证人力、物力、财力的全面安排和合理使用；又要坚持分级管理，分工负责，充分发挥各地方各部门的主动性和积极性，以便集中力量，保证国家计划和重点项目的完成，同时又有利于各地方各部门合理充分地使用机动财力，完成各地方和各部门所需要的建设。这是符合党的鼓足干劲、力争上游、多快好省地建设社会主义的要求的。

三、加强综合财政计划工作，必须做好国家预算内资金和预算外资金、财政资金和信贷资金的统筹安排，必须有计划地组织全国货币流通。预算外资金是各地方各部门的机动财力，是国家预算内资金的必要的补助力量，由于预算外资金具有更大的机动性和灵活性，它和预算内资金的管理方法应当有所不同。预算外资金的安排使用，由各地方各部门自己作决定，但是使用预算外资金进行基本建设，必须按照规定报请国家计划部门批准，整个预算外资金的安排使用情况必须按期向计划、财政、银行和统计部门报告数字。为了加强综合财政计划工作，责成财政部立即制定切实可行的预算外资金管理办法，加强管理。责成人民银行积极提高信贷计划的质量，加强现金出纳计划，有计划地组织现金收支。责成统计部门积极做好财政金融统计工作，为综合财政计划提供可靠的基础。为了加强综合财政计划工作，还必须对人民公社的积累使用情况，进行计算了解，作为重要参考资料。

四、为了做好综合财政计划工作，各级计划部门、财政部门、人民银行、统计部门必须密切配合，通力合作。财政部门负责预算内、预算外收支的计算与平衡；人民银行负责信贷、现金计划的计算与平衡；计划部门在上述计划的基础上进行综合平衡后，正式编制综合财政计划。统计部门应当加强财政、金融的统计工作，及时反映国家财政资金的执行情况。

五、各省、自治区、直辖市在编制1960年国民经济计划的同时，都必须编制综合财政计划，随同国民经济计划一同上报，并且按期地进行研究和分析。

省属市、专区、县原则上也要编制综合财政计划，这些地区的有关部门应当努力创造条件，逐步开展这项工作。

78.财政部、中国人民银行关于改进国营企业流动资金供应办法的几项具体规定

（1961年5月17日）

根据国务院批准财政部、中国人民银行关于改进国营企业流动资金供应办法的报告，决定将国营工业、交通等企业所需定额流动资金供应办法改为大部分由财政拨款，小部分由财政拨交银行以贷款的方式供应。为了执行这个办法，对有关事项作如下具体规定：

一、范围及时间：

下列企业均自1961年7月1日起，实行新的流动资金供应办法：

1.中央各工业部所属工业企业（包括地质部及建筑工程部所属工业企业）；

2.中央铁道、交通、邮电三部的基本业务及其所属工业企业；

3.地方国营企业（包括森林工业）、交通运输、邮电、公用等企业；

4.各级物资管理部门及工业、交通运输、文教、卫生部门所属供销企业；

5.各级文教、卫生部门所属工业企业；

6.实行定息的公私合营工业、交通运输企业。

下列企业不实行新的流动资金供应办法，仍按原来办法办理：

1.国家机关、事业单位附设的附属工厂和实习工厂；

2.商业、对外贸易、粮食、水产等企业（包括所属的工业企业）以及其他部门所属商业性质的企业，如盐业公司、卫生器材公司、药材公司、木材公司、新华书店等；

3.建筑安装企业；

4.国营农牧场；

5.地方劳改企业。

二、实行新的资金供应办法后，应由财政拨给企业的自有流动资金，为了简化手续，一律按照国家核定的1961年度流动资金计划定额指标，并控制在原来银行的定额贷款数额内，转作企业自有流动资金。

1961年度的企业流动资金定额指标，由财政部为主，会同中国人民银行总行根据1961年3月9日我们关于核定国营企业1961年流动资金定额的联合通知的精神，并结合目前的生产情况，分配你的流动资金定额的总指标为　元，请以你　为主，会同同级中国人民银行在上述总指标的范围内，根据具体情况，分别核定各基层企业的流动资金定额指标。

省、专、县各级财政、银行应于5月底以前核完企业主管部门所属企业流动资金定额和定额负债的总数，并于6月15日以前由各省、市、自治区财政厅（局）和分行汇总联合上报财政部及中国人民银行总行；各级企业主管部门应该在6月15日以前会同同级中国人民银行核定所属企业单位的流动资金定额和定额负债数额，并由企业主管部门和同级中国人民银行将核定的定额联合下达到基层单位和中国人民银行开户行。

企业单位和开户行在接到上述1961年度流动资金计划定额之后，才能按核定的计划定额的80%减除定额负债后的余额转作企业的自有流动资金；按照核定的计划定额的20%，仍作为银行对企业的定额贷款。上项数额首先由企业在银行“定额借款”帐户余额内划转自有流动资金，划转后余额作为银行按企业计划定额20%的定额贷款，如划转自有流动资金后，“定额借款”帐户余额大于核定计划定额20%时，其差额部分转作企业“超定额借款”（企业对上项划转，可以按：借：“定额借款”；贷：“国家基金”，“超定额借款”办理）。企业单位和开户行可以在6月21日至30日的期间内办理划转手续。企业原来所借的“定额借款”，利息一律算至6月30日止。

各级财政、银行与企业主管部门应当督促企业单位和开户行对企业定额与超定额各项借款进行清查核对，由于挪用流动资金垫付基本建设和四项费用等支出而占用银行贷款部分，不得核入企业的流动资金定额内，应该清理归还，谁借谁还。

三、各级财政、银行和企业主管部门必须抓紧时间，对企业1961年度流动资金定额认真地进行核定。核定企业1961年度流动资金定额，应该作到既切合企业生产周转的实际需要，又符合节约使用资金的原则。在核定流动资金定额时，请注意以下各点：

1.流动资金定额的核定应该结合企业当前正在进行的清理仓库工作，根据企业正常生产所需要的最低限度的各项储备定额，制订合理的流动资金定额。企业由于生产调整而产生的暂时性的原材料、在产品、半成品及成品的积压，都不能核入流动资金定额，应督促企业编制多余物资的处理计划，定期进行处理，在处理前，可作为临时贷款，边处理，边归还贷款；

2.贯彻压缩社会集团购买力的要求，大力压低企业非生产性物资的储备；

3.注意有关物资管理体制的变革，避免对生产部门和供应部门在储备定额的计算和核定上的重复；

4.应当根据企业有关费用的开支规定，切实计算定额负债。

四、企业流动资金定额，一般应按第四季度需要额核定，如果有些省、市、自治区执行有困难时，可以按照第二季度生产安排；核定资金定额。

各地区、各部门应先根据财政部分配的流动资金定额指标，分别核定企业流动资金定额，以便据以办理划转，如今后因生产增长，或其他原因而感到分配的资金定额指标不敷实际需要时，应作为追加定额处理。此项追加定额的80%由各级财政部门拨给企业，其余20%由财政部门拨给银行，作为定额贷款基金，不再由银行转作企业自有资金，如果财政不增拨资金，银行即不增加定额贷款。

由于1961年企业定额流动资金80%部分是由银行贷款转为企业自有资金，因此，各级财政仍应将1961年预算中所列的增拨银行信贷基金，如数分期拨给银行，不能移作他用。

五、各级财政、银行应对历年财政拨给银行信贷资金，进行清查核对，并将查对结果，按照附表格式，于6月15日以前联合上报财政部与中国人民银行总行。中央企业部分由财政部和人民银行总行进行清算，地方企业部分由各省、市、自治区财政厅（局）和人民银行分行进行清算。各级财政部门欠拨银行信贷资金，应该由各级财政预算平衡解决，如确有困难时，报财政部与中国人民银行总行统一研究。为了便于清查核对帐目，自文到之日起，银行不再办理信贷基金冲减手续。

六、实行新的流动资金供应办法后，银行对企业发放的定额放款，设立定额放款帐户，与存款户分别开立，取消现行“存放二户合一”的做法。企业流动资金一律通过“结算户”收付。企业各项专用基金按照规定专户存储，不得参加周转，不得挪用流动资金。在核定定额的20%的额度内。由企业按照人民银行规定的借款手续，一次或分次办理定额借款，转入结算户支用。

七、由于实行新的资金供应办法，减少企业利息支出部分，各级财政部门应当会同企业主管部门在确定企业降低成本指标时，考虑调整，并相应地增加企业收入指标，减少银行上缴任务。

八、以上各项希抓紧布置执行，在执行中如有具体问题和意见，请及时提出，以便考虑补充修订。

79.会计人员职权试行条例

（1962年11月24日国务院全体会议第一百二十二次会议通过
1963年1月3日国务院发布施行）

第一章　总　则

一、为了明确规定会计人员的职责和权限，使会计人员做好会计工作，充分发挥会计工作在社会主义建设事业中的积极作用，特制订本条例。

二、一切国营企业、事业、机关、团体、银行、部队、学校，都必须根据工作的需要，设置财务会计机构或者专职的会计人员，进行会计工作。

会计人员包括经管帐务、收付款项的会计员、记帐员、出纳员、核算员、稽核员和会计主管人员。

三、会计人员的职责是，严格执行会计制度，保证数字真实可靠，如实反映经济活动情况，并通过此项工作，加强经济核算，保护国家财产，严守国家计划，执行国家制度，维护国家财政和信贷纪律，同一切违法乱纪的行为作斗争。

四、国家对会计人员赋予必要的权限，以利于他们履行自己的职责。在会计人员按照国家的规定，行使权限的时候，任何人不得借故留难。

五、各部门各单位的领导人，必须加强对会计工作的领导，保障会计人员履行职责，正确地行使国家赋予的权限，做好会计工作。会计人员也必须及时向领导人汇报工作情况，经常解释有关会计工作的规章制度。领导人违反制度规定，会计人员没有向领导反映的，由会计人员负责；会计人员及时反映了情况，领导人没有采取措施纠正的，由领导人负责。

六、各级财务会计部门，对所属单位的会计工作负业务上的指导责任。各级财务会计部门必须经常指导所属单位的会计业务，帮助他们解决工作中的问题。

第二章　会计人员的职责

七、会计人员必须按照下列规定，切实做好记帐、算帐、对帐、报帐工作：

1. 建立和健全与会计业务有关的原始记录和原始凭证制度，保证会计资料的完整和正确可靠；

2. 认真审核各种会计凭证，检查凭证的内容是否合理合法，防止凭证错乱不全；

3. 按照国家的规定，设置会计帐簿，使用统一的会计科目，不得以单据或者表格代替帐簿；

4. 根据会计凭证记帐，当日帐，当日清，保证帐证相符，不错不漏；

5. 按时算清帐目，正确地计算收入、支出、成本、费用和财务成果；

6. 经常核对帐目，核实债权债务，保证帐帐相符；

7. 按月、按季、按年结算帐目，编制会计报表，保证帐表相符，数字真实，内容完整，报送及时。

八、会计人员必须严格执行国家批准的计划和预算：

1. 应当上缴的各项财政收入，必须按照国家规定的缴款制度，及时地、足额地上缴，不得迟交、少交，严禁坐支、流用；应当下拨的各项资金，必须及时地审核拨交所属单位，不得扣留、挪用；

2. 根据批准的计划和预算，按照规定的开支范围和开支标准，支付各项资金，监督资金的节约使用；

3. 遵守大修理基金、企业奖励基金、工资附加费等专用资金的提成制度，不准自行提高提成比例；专用资金必须专款专用。

九、会计人员必须执行国家规定的信贷、结算、现金管理等各项制度：

1.按照银行信贷制度的规定，正确地使用银行借款；对于已经到期的借款，必须及时偿还，不得拖欠；

2.按照银行结算制度和现金管理制度的规定，办理银行结算业务和现金收支业务。对于应当由银行转帐的收支，必须通过银行结算；对于超过限额的库存现金，必须及时存入银行；对于银行支票必须严格管理，不得签发空白支票和空头支票；

3.严格执行结算纪律，及时清理债权债务。对于应收的款项，必须及时催收；对于应付的款项，必须及时清偿；对于暂收、暂付的款项，必须督促有关部门或人员及时报销清结；对于应由其他单位负责赔偿的款项，必须及时提出赔偿要求。

十、会计人员必须通过会计工作保护国家财产：

1.监督有关人员，对各项财产物资正确地进行计量、检验、收发、领退、调拨和报废工作，确保国家财产不受损失；

2.参与财产物资的定期清查，核实库存，保证帐实相符。

十一、会计人员应当根据会计记录、会计报表和其他有关资料，按时检查分析本单位的经济活动和财务收支情况，向本单位领导人、上级财务会计部门和财政银行部门，如实反映下列情况和问题：

1.计划、预算和各项定额的执行情况，以及完成或者未完成的原因；

2.财产、商品、物资的盘盈盘亏、呆滞积压、损坏丢失、霉烂变质的情况和原因；

3.资金的使用是否合理，有无乱拉乱用的现象，以及节约和浪费资金的情况和原因；

4.生产成本和商品流通费用是否节约，有无超支，以及节约和超支的情况和原因；

5.利润是否完成了计划，以及盈亏的情况和原因；

6.人员编制和工资基金是否超过了国家规定的指标，以及超过或者低于规定指标的情况和原因；

7.坚持或者违反财政制度、财政纪律的具体事例。

十二、会计人员必须向本单位领导人、上级机关和财政、银行、税务等部门派来的查帐人员，负责提供各项会计资料，据实答复各项问题，不得借故拒绝，更不得谎报。

十三、会计人员应当会同有关部门，组织群众性的经济核算工作，并建立和健全各级经济活动分析制度，促进增产节约措施的实现。

十四、会计人员调动工作或者因故长期离职的时候，必须编制移交清册，将经管的凭证、帐目、款项、会计档案和未了事项，向接办人交代清楚。在交接手续没有办清以前，不得离职。会计人员因故短期离职的时候，应当报请本单位领导人指定专人代理，并把自己经办的工作，向代理人交代清楚。

国家决定结束或者合并的单位，会计主管人员和有关的会计人员，必须负责办理清理期间的会计工作。在各项财产物资、债权债务、上交下拨事项清理完毕，全部帐目向接收单位交代清楚以后，会计主管人员和有关的会计人员才能离开。

第三章　会计人员的权限

十五、会计人员有权要求本单位的有关部门和人员，正确地执行国家批准的计划、预算和各项财务会计制度，并按照会计手续办事，有关的部门和人员不得借故拒绝。

十六、会计主管人员和有关的会计人员，有权参与本单位各项有关的计划、预算、定额的制定。各单位对外报送的会计报表，非经本单位领导人和会计主管人员签署，不能生效。

十七、会计人员有权监督财产物资的调拨。各种财产物资，非经会计主管人员或者会计主管人员指定的会计人员签证，不得运出本单位。财产物资的保管人员调动工作、办理交接的时候，应当有会计主管人员或其指定的会计人员参与监交。

十八、会计人员有权要求本单位的有关部门和人员，提供下列情况和资料：

1.各项有关计划、预算、定额的执行情况和资料；

2.财产物资变动的情况和资料；

3.各项资金使用的情况和资料；

4.各项成本费用开支的情况和资料；

5.各项经济合同的执行情况和资料；

6.同财务会计有关的其他资料。

十九、会计主管人员，或者经会计主管人员指定的会计人员，有权检查本单位各有关部门的凭证和帐目，各部门和有关人员应当如实提供情况，不得借故拒绝。会计人员对于检查中发现的问题，应当查明原因，及时向本单位领导或者上级机关反映，加以处理。

二十、会计人员对下列事项，有权拒绝付款、拒绝报销或者拒绝执行：

1.不按计划、预算的规定，盲目采购商品、材料、物资，或者质量、品种、规格不符、数量不足的；

2.非法出售商品、材料、物资，赊销商品，以物易物，擅自提价或者降价出售商品的；

3.不按国家规定，任意出借、变卖、报废、处理财产物资，或者未经批准，任意报销财产物资毁损和盘亏的；

4.将流动资金用于基本建设、“四项费用”和福利开支，以及其他违反专款专用原则的；

5.不按国家关于成本开支范围和费用划分的规定，乱挤生产成本或者乱挤商品流通费用的；

6.违反制度的规定，任意预付款项、借支款项和垫付款项的；

7.超过工资基金计划，或者任意提高工资等级、工资标准、企业奖励基金和工资附加费标准的；

8.进行计划外基本建设的；

9.各项开支或者费用超过计划、预算或者超过规定标准的；

10.铺张浪费、请客送礼的；

11.未经批准、手续不全、凭证不实以及其他不合制度规定的。

二十一、会计人员对于拒绝付款、拒绝报销或者拒绝执行的事项，应当及时向本单位领导人报告。如果本单位领导人有不同意见时，会计人员应当一面按照本单位领导人的决定执行，一面向上级机关和财政部门反映。属于明显违反国家规定、弄虚作假、营私舞弊、欺骗上级等违法乱纪行为，会计人员必须坚决拒绝执行，并向上级机关报告。

会计人员对于违反法令制度规定的事项，不拒绝付款、不拒绝报销或者不拒绝执行，又不向领导人和上级机关、财政部门反映的，应当与违法人员负连带责任。

二十二、上级机关和财政部门对于会计人员提出的有关违犯国家规定和违法乱纪行为的报告，应当认真地、及时地进行调查处理，并将处理的结果通知会计人员和有关人员。任何人不得对会计人员向上级和有关部门反映情况进行刁难、阻碍或者打击报复。

第四章　会计人员的任免和奖惩

二十三、会计人员必须力求稳定，不得随意调动。一般会计人员的任免，必须商得上级机关财务会计部门的同意。各单位的会计主管人员，一律由上级机关直接任免。

对于会计人员，应当根据本人的工作能力，确定技术职称和等级。会计人员的技术职称和等级，另行规定。

二十四、会计人员必须加强政治观点、生产观点和群众观点，努力学习国家的政策、法令、制度，积极钻研本行业务，不断提高政治思想水平和业务水平。

二十五、会计人员必须切实遵守国家的保密制度，并妥善保管会计档案，不得丢失或者损坏。

二十六、对于会计人员的工作，应当建立必要的奖惩制度。凡是工作积极负责，奉公守法，厉行节约，保护国家财产，如实反映情况，完成任务有显著成绩的，应当给予表扬或者奖励。凡是工作不负责任，执行制度不力，或者滥用职权，致使工作遭受损失的，应当分别情况，给予批评或者处分。会计人员隐瞒真相，弄虚作假，谎报数字，篡改帐目，分散资金，贪污盗窃，营私舞弊的，应当分别情况，给予行政纪律处分或者依法惩处。对于情节严重，使国家财产遭受重大损失的，应予严惩。

第五章 附 则

二十七、本条例的各项规定，公私合营企业、手工业合作社和供销合作社可以参照执行。

二十八、本条例规定的会计人员的职责和权限，有关的财务人员也应当依照执行。

二十九、国务院所属各部门，各省、自治区、直辖市人民委员会，可以根据本条例的规定，结合实际情况，制订实施细则，并报财政部备案。

80.国务院关于基本建设拨款的几项规定

（1963年12月16日发布）

为了加强基本建设的拨款监督工作，提高投资的效果，多快好省地完成基本建设计划，特作如下几项规定：

一、在基本建设中，必须严格执行国家的统一计划。当年施工的建设项目，必须纳入国家基本建设计划。各部门、各建设单位必须在国家计划指标范围内，根据集中力量打歼灭战的原则，合理安排投资，不准分散使用资金，不准留投资缺口，不准进行计划外工程。建设银行必须督促建设单位落实投资，严格按照国家基本建设计划监督拨款。对计划以内的建设项目，要保证资金的供应，对计划以外的建设项目，一律不得拨款。在年度基本建设计划批准以前，建设单位如果急需用款，必须报经主管部门或者省、自治区、直辖市批准，才能在国家计划确定的投资指标范围内支用款项。

二、建设单位必须认真执行基本建设程序，按照规定编报设计任务书和设计文件。在设计任务书没有批准以前，建设银行不得拨付任何款项。设计任务书已经批准，而设计文件尚未批准的，建设银行只能拨付建设单位的管理费用，只有在设计文件批准以后，才能拨付设备、材料款和工程款。

三、建设单位和建筑安装企业必须按照批准的设计文件施工，不准任意提高建筑标准，扩大建设规模。对于擅自提高建筑标准或者擅自扩大建设规模的，建设银行不得拨款。

四、设计部门必须在保证工程质量的前提下，在国家批准的投资总额范围内，正确地编制基本建设预算。建设银行必须协同建设单位和建筑安装企业，根据国家规定的造价标准、预算定额和费用标准，审查基本建设预算，核实工程造价，并且按照审查核实的基本建设预算监督拨款。对于任意提高工程造价、突破基本建设预算的，建设银行有权拒绝拨款。

五、各部门、各建设单位必须按照规定编制基本建设财务计划，逐级审查汇总，纳入国家预算。建设银行在计划年度内拨给各部门、各建设单位的资金，不得超过年度基本建设财务计划中核定的预算拨款数。

六、建设单位必须向建设银行提送批准的年度基本建设计划、基本建设预算和基本建设财务计划，作为拨款监督的依据。

七、各部门、各建设单位为下年度工程储备设备、材料所需要的资金，实行定额管理。建筑材料的储备资金定额，一般不得超过三个月，需要安装的机械设备的储备资金金额，一般不得超过四个月。各部门、各建设单位实际占用的储备资金超过定额的，对于超过的部分必须积极动员处理。动员出来的资金，一律抵充预算拨款，不准用于计划外工程和其它开支。实际占用的储备资金低于定额的，不足的部分由财政上予以增拨。

八、建设单位订购设备，必须严格按照批准的基本建设计划和设计文件，编制设备订货计划，签订订货合同。在扩大初步设计或实行三阶段设计的技术设计没有批准以前，建设所需的大型专用设备不准订货，计划部门不准安排生产，物资部门不准供应设备，建设银行不准拨付资金。个别工程需要在设计文件批准以前订购设备的，经过主管部门批准，可以根据设计部门提出的设备清单，办理设备订货，拨付到货款项。建设银行必须审查建设单位的设备订货计划和订货合同，防止盲目订货，积压浪费。对于建设单位在计划以外订购的设备，建设银行不得拨款。

九、建筑安装工程以出包的方式施工的，建筑安装企业储备材料所需的资金，由建设单位拨给。此项储备资金的额度，以保证正常储备的需要为原则，一般不得超过三个月的周转量。具体额度，由省、自治区、直辖市根据不同性质的工程和工期的长短，分类确定。

建筑安装工程以自营的方式施工的，建设单位储备材料所需要的资金，由主管部门核定。

十、建筑安装工程的价款，应当根据完成多少工程给多少钱的原则，由建设银行监督拨付。建筑安装工程以出包的方式施工的，由建筑安装企业按月提出已完工程月报表，经过建设单位验工签证以后，送建设银行办理拨款。建筑安装工程以自营的方式施工的，按建设单位提出的已完工程月报表办理拨款。在施工过程中，如果工程需要更改，建设单位和建筑安装企业应当事先办理签证手续，建设银行应当在批准的基本建设预算范围内监督拨款。

十一、建设单位和建筑安装企业必须严格执行国家批准的工资基金计划，在核定的工资基金指标内支付工资。对于突破工资基金的，建设银行不得拨款。

十二、建设单位的管理费用、征用土地的费用、培训职工的费用以及交工验收以前的试车费用等项开支，必须在批准的计划范围内，按照规定的标准，精打细算，节约使用。对于超过规定标准的开支，建设银行不得拨款。

十三、建设单位和建筑安装企业必须认真执行经济合同，遵守结算纪律。建设单位和建筑安装企业的一切经济往来，必须通过建设银行及时办理结算，不准拖欠。无故拒绝付款的，建设银行有权从他们的存款中扣款清偿。建设单位、建筑安装企业订购设备和材料，除了大型专用设备按照规定可以分次付款的以外，一律不准预付定金。

十四、在施工比较集中的季度或者建筑材料供应比较集中的季度，如果建筑安装企业需要超定额储备材料，可以向建设银行申请短期贷款。

建设单位和建筑安装企业对固定资产进行大修理，如果已经提存的大修理基金不敷周转需要的，可以在年度大修理基金提存计划范围内，向建设银行申请大修理贷款。

建设单位和建筑安装企业必须按照规定的用途使用贷款，并且按期归还银行。

十五、基本建设资金同其他资金必须划清界限，分别管理，专款专用。建设单位不得把基本建设资金挪作其它开支，也不得把银行贷款、流动资金、事业费等挪用于基本建设。

十六、各部门、各建设单位和建筑安装企业，必须按期向建设银行提送会计报表和统计报表。建设银行对于这些报表必须认真地进行审查，如果发现问题，要提出意见，督促他们及时纠正。

各部门、各建设单位在年度终了以后，必须向建设银行提送年度决算；建设单位在工程竣工以后，必须向建设银行提送竣工决算。建设银行要严格审查年度决算和竣工决算，如果发现有违反计划、违反制度、超过标准的开支，应当签具意见，报告财政部门处理。

十七、建设单位的全部工程竣工以后，结余的财产和物资，必须限期清理，上交主管部门。在清理事项结束以前，主管财产物资的人员和有关的财务会计人员不得调走，防止发生无人负责和损失浪费现象。

十八、建设单位按质、按量、按期完成了国家计划，并且节约了投资的，经过主管部门批准，可以比照企业提取奖励基金的办法，从节约的投资中提取一部分奖金，用于改善职工的生活福利。

十九、建设银行对建设单位和建筑安装企业的工程进度和资金运用情况，应当经常进行检查，协助他们改善经营管理，加强经济核算，充分发挥国家投资的效果。建设银行在进行检查的时候，有权向建设单位、建筑安装企业调阅有关的计划、设计、帐册等文件。

二十、有关基本建设拨款的具体办法，由财政部另行制定。

图书在版编目(CIP)数据

行政法史料汇编：1949—1965. 经济行政法 / 关保英主编. — 北京：中国法制出版社, 2022.12

ISBN 978-7-5216-2930-9

Ⅰ. ①行…　Ⅱ. ①关…　Ⅲ. ①经济法－行政法－史料－汇编－中国－1949-1965　Ⅳ. ①D922.102

中国版本图书馆CIP数据核字（2022）第178809号

责任编辑：侯　鹏　　　　封面设计：李　宁

行政法史料汇编：1949—1965. 经济行政法

XINGZHENGFA SHILIAO HUIBIAN: 1949—1965. JINGJI XINGZHENGFA

主编 / 关保英

经销 / 新华书店

印刷 / 北京虎彩文化传播有限公司

开本 / 880毫米 × 1230毫米　32开　　　　印张 / 9　字数 / 242千

版次 / 2022年12月第1版　　　　2022年12月第1次印刷

中国法制出版社出版

书号ISBN 978-7-5216-2930-9　　　　定价：45.00元

北京市西城区西便门西里甲16号西便门办公区

邮政编码：100053　　　　传真：010-63141600

网址：http://www.zgfzs.com　　　　**编辑部电话：010-63141826**

市场营销部电话：010-63141612　　　　**印务部电话：010-63141606**

（如有印装质量问题，请与本社印务部联系。）